Sylla Tistiane

Table des matières

D1309842

méninges 1
à vos méninges

Remarque: Il peut y avoir plus d'une bonne réponse par question.

1. QUELLE EST L'ESPÉRANCE DE VIE EN BONNE SANTÉ EN OCCIDENT?

- a) 82 ans.
- b) 78 ans.
- c) 80 ans.
- ⊗ d) 67 ans.
- e) Aucune des réponses précédentes.

2. QUE SAVONS-NOUS À PROPOS DE NOTRE SANTÉ QUE NOS ANCÊTRES IGNORAIENT?

- ⊗ a) Nous savons que telle habitude de vie a tel effet sur la santé.
- b) Nous savons reconnaître les différents types de microbes et nous avons les moyens de les combattre.
- ⊗ c) Nous savons reconnaître les facteurs de risque associés aux maladies infectieuses.
- d) Nous n'en savons pas plus qu'eux.
- e) Aucune des réponses précédentes.

3. QUELLES SONT LES HABITUDES DE VIE LES PLUS NUISIBLES À LA SANTÉ?

- ⊗ a) L'abus de médicaments.
- ⊗ b) Le manque de sommeil.
- c) Le manque d'exercice.
- ⊗ d) La consommation de drogues.
- e) L'excès de vitesse en voiture.
- ⊗ f) Une alimentation déséquilibrée.
- ⊗ g) L'excès de stress.
- ⊗ h) Le tabagisme.
- i) L'exposition aux rayons ultraviolets.
- ⊗ j) Les relations sexuelles non protégées.
- ⊗ k) L'abus d'alcool.

4. À QUOI LES MALADIES QUI GRÈVENT LE PLUS LE BUDGET DE LA SANTÉ SONT-ELLES DUES?

- a) L'hérédité.
- b) Les dérèglements hormonaux.
- c) Le vieillissement de la population.
- d) Certaines habitudes de vie.
- e) Les bactéries et les virus.

5. DANS LA LISTE QUI SUIT, IDENTIFIEZ LES MALADIES QUI SONT PARMI LES PLUS FRÉQUENTES AUJOURD'HUI.

- a) La tuberculose.
- ⊗ b) Les maladies du cœur.
- ⊗ c) La grippe.
- d) Le diabète de type 2.
- e) La pneumonie.

6. NOMMEZ LES CINQ DIMENSIONS DE LA SANTÉ.

- La santé physique
- La santé mentale
- La santé émotive
- La santé sociale
- La santé environnementale

En route vers la prise en charge de sa santé

Bilan	Fait	Éléments de la compétence	Critères de performance
1		Établir la relation entre son mode de vie et sa santé.	Utiliser d'une façon appropriée la documentation.
2.1			Faire le lien entre ses principales habitudes de vie et leurs incidences sur sa santé.
2.2			
3.1			
3.2			
4.1			
4.2			
5.1			
5.2			
5.3			
5.4			
8		Reconnaître ses besoins, ses capacités et ses facteurs de motivation liés à la pratique régulière de l'activité physique.	Utiliser correctement les données d'évaluation quantitative et qualitative sur le plan physique.
9.1			Faire le relevé de ses principaux besoins et de ses principales capacités sur le plan physique.
9.2			Faire le relevé de ses principaux facteurs de motivation liés à une pratique régulière de l'activité physique.
10		Pratiquer l'activité physique selon une approche favorisant la santé.	Respecter les règles inhérentes à la pratique de l'activité physique, dont les règles de sécurité.
11.1			
11.2			Respecter ses capacités dans la pratique de l'activité physique.
12.1			
12.2			
12.3			
13		Proposer des activités physiques favorisant la santé.	Faire un choix pertinent et justifié d'activités physiques selon ses besoins, ses capacités et ses facteurs de motivation.
14		Pratiquer l'activité physique selon une approche favorisant la santé.	Respecter les règles inhérentes à la pratique de l'activité physique, dont les règles de sécurité. Respecter ses capacités dans la pratique de l'activité physique.

bilan I

Avant de faire le bilan, apprenez d'abord à distinguer les niveaux d'intensité de l'activité physique. Le tableau ci-dessous vous aidera à comprendre ce qu'on entend par une activité physique d'intensité faible, moyenne ou élevée.

Intensité de l'activité physique

Activité physique d'intensité...	Signes physiques observables	Quelques exemples
faible	Pouls à peine plus élevé qu'au repos ; respiration presque régulière ; aucune sudation.	Marche lente, volley-ball récréatif, billard, tâches ménagères légères, golf miniature, tir à l'arc, quilles, etc.
moyenne	Pouls nettement plus élevé qu'au repos (au moins 30 battements de plus) ; respiration plus rapide ; légère sudation.	Marche rapide, tennis de table ou tennis récréatif, natation récréative, baseball, trot à cheval, danse aérobique sans sauts, golf sans voiturette, vélo à 15 km/h, ski de fond sur le plat, etc.
élevée à très élevée	Pouls beaucoup plus élevé qu'au repos (au moins 60 battements de plus), respiration haletante, sudation parfois abondante.	Jogging, match de badminton ou de tennis enlevé, squash, racquetball, basket-ball compétitif, arts martiaux, aéroboxe, saut à la corde, vélo de montagne, soccer (match), hockey, etc.

Votre mode de vie

Rester inactif, s'alimenter mal, fumer, abuser de l'alcool et vivre dans un état de stress constant, voilà les cinq habitudes de vie qui affaiblissent le plus la résistance du corps à la maladie et qui, dans certains cas, augmentent les risques d'accident mortel, que ce soit sur la route ou au travail. Ces habitudes comptent-elles parmi les vôtres ?

Les 15 situations décrites ci-après vous aideront à répondre à cette question. Pour chacune des cinq habitudes de vie, vous avez à choisir, parmi trois comportements, celui qui vous décrit le mieux actuellement. Accordez-vous 5 points pour les situations 1, 4, 7, 10 et 13 ; 0 point pour les situations 2, 5, 8, 11 et 14 ; et 2 points pour les situations 3, 6, 9, 12 et 15. Ce bilan éclair devrait déjà vous sensibiliser à la relation qui existe entre votre mode de vie et votre santé. Vous aurez l'occasion dans les prochains chapitres de faire un bilan plus détaillé de votre mode de vie actuel.

L'évaluation terminée, les cinq comportements retenus devraient vous permettre de juger si votre mode de vie est assez sain pour tenir à distance les maladies de l'heure ou assez farfelu pour les attirer.

Faites maintenant votre bilan. Cochez les cases correspondant à votre réponse.

Activité physique : sédentaire ou actif ?

○ **1.** Je fais, tous les jours ou presque, au moins 30 minutes d'activité physique d'intensité légère à modérée OU je pratique au moins 3 fois par semaine, pendant 30 à 60 minutes, une activité physique d'intensité modérée ou parfois élevée.

⊗ **2.** Je fais moins de 10 minutes d'activité physique modérée chaque jour.

○ **3.** Je me situe plutôt entre 1 et 2.

Alimentation : malbouffe ou bonne bouffe ?

⊘ **4.** Je prends, chaque jour ou presque, trois repas équilibrés. Je mange régulièrement des fruits et des légumes frais ainsi que des aliments riches en fibres (céréales, pain, riz, pâtes, légumineuses). J'essaie le plus possible d'éviter les aliments riches en gras saturés et en huiles hydrogénées.

○ **5.** Je croque rarement des fruits et des légumes frais et je ne raffole pas des aliments riches en fibres (céréales à grains entiers et légumineuses notamment). De plus, je mange régulièrement (plus de trois fois par semaine) des repas préparés ou des repas-minute (fast-food) sans me soucier de leur valeur. Il m'arrive aussi de sauter des repas et de manger à des heures irrégulières.

○ **6.** Je me situe plutôt entre 4 et 5.

Cigarettes : fumeur ou non-fumeur ?

○ **7.** Je ne fume pas et j'évite autant que possible la fumée secondaire.

○ **8.** Je fume plus de 20 cigarettes par jour.

○ **9.** Je fume moins de 10 cigarettes par jour.

Stress : tendu ou détendu ?

⊘ **10.** Je suis plutôt calme, je dors bien la plupart du temps et je ne panique pas facilement quand un problème surgit. Quand c'est nécessaire, je fais ce qu'il faut pour contrôler mon niveau de stress.

○ **11.** Je me sens souvent tendu et il m'arrive fréquemment de ressentir des raideurs dans la nuque et entre les omoplates. Je ne dors pas bien et il me semble que je m'en fais pour tout et pour rien.

○ **12.** Je me situe plutôt entre 10 et 11.

Alcool : gros buveur ou buveur modéré ou sobre ?

⊘ **13.** Je prends au maximum deux consommations d'alcool par jour ou pas du tout.

○ **14.** Je prends régulièrement plus de quatre consommations d'alcool par jour et parfois plus.

○ **15.** Je me situe plutôt entre 13 et 14.

Faites le total des points obtenus. _2+4 + 7 + 10 + 13 = 36_

Ce que votre résultat signifie...

Entre 20 points et 25 points. La combinaison des situations 1, 4, 7, 10, 13 révèle une personne physiquement active, qui s'alimente bien, ne fume pas ou très peu, consomme de l'alcool modérément, voire n'en consomme pas du tout, et qui contrôle son stress. Plus ces comportements s'apparentent aux vôtres, plus votre niveau de protection contre les maladies les plus répandues actuellement est élevé.

Entre 10 points et 20 points. Si les situations 3, 6, 9, 12 et 15 vous concernent, il vous suffirait d'apporter quelques petits changements à vos habitudes pour que vous viviez plus sainement.

Moins de 10 points. Les situations 2, 5, 8, 11 et 14 représentent de mauvaises habitudes de vie qui peuvent menacer sérieusement votre santé. Malheureusement, il n'existe pas de pilule magique qui pourrait transformer instantanément un mauvais pli en une bonne habitude. Toutefois, les solutions proposées dans ce chapitre et tout au long de ce manuel pourraient vous aider à modifier vos comportements.

Réflexion personnelle
Êtes-vous prêt(e) à changer?

À la suite de ce premier bilan, diriez-vous, globalement, que votre mode de vie favorise votre santé actuelle et future ?

◯ Oui   ◯ Non

Si votre réponse est non, indiquez, parmi les cinq comportements suivants pointés par l'OMS comme étant les plus liés à la santé, celui ou ceux que vous devriez adopter pour améliorer votre mode de vie.

1. Devenir physiquement plus actif.   ◯

2. Manger mieux.   ◯

3. Réduire mon niveau de stress.   ◯

4. Cesser de fumer ou fumer moins.   ◯

5. Contrôler davantage ma consommation d'alcool.   ◯

Cela fait, ÊTES-VOUS VRAIMENT DÉCIDÉ(E) À ADOPTER LE(LES) COMPORTEMENT(S) CHOISI(S) ?

L'exercice qui suit vous aidera à répondre à cette question cruciale. Il vous situera quelque part sur **l'échelle du changement** entre la personne qui a déjà pris les mesures qui s'imposaient et celle qui a adopté une attitude d'indifférence totale, en passant par celle qui joue à l'autruche, niant carrément le problème identifié. Voici l'exercice.

Lisez attentivement les assertions qui suivent et *cochez uniquement celle qui vous concerne.*

◯ **a)** Au moment où je lis ce texte, **je suis déjà passé(e) à l'action.**

◯ **b)** Je vais, **dès la présente session, passer à l'action** pour respecter les engagements que je prendrai dans l'un ou l'autre des bilans suivants : 2.2 (engagement vis-à-vis de l'activité physique, 3.2 (engagement vis-à-vis de l'alimentation), 4.2 (engagement vis-à-vis du stress), 5.2 (engagement vis-à-vis de la cigarette) et 5.4 (engagement vis-à-vis de l'alcool).

⊘ **c)** Je vais **passer à l'action à un moment donné** pour respecter les engagements que je prendrai dans l'un ou l'autre des bilans suivants : 2.2 (engagement vis-à-vis de l'activité physique, 3.2 (engagement vis-à-vis de l'alimentation), 4.2 (engagement vis-à-vis du stress), 5.2 (engagement vis-à-vis de la cigarette) et 5.4 (engagement vis-à-vis de l'alcool).

◯ **d)** Je réfléchis à la question car j'ignore ce que je vais faire.

◯ **e)** J'ai bel et bien identifié des comportements que je pourrais changer mais **cela m'indiffère car je ne crois pas que ma santé va en souffrir.**

◯ **f)** J'ai bel et bien identifié des comportements que je pourrais changer mais **cela m'indiffère, que ma santé en souffre ou pas.**

Notez bien votre position sur l'échelle du changement. Vous aurez à vous situer de nouveau sur cette échelle à la fin de la session (p. 95).

méninges **2**
à vos méninges

Remarque: Il peut y avoir plus d'une bonne réponse par question.

1. À QUOI LA HAUSSE MARQUÉE DU TAUX D'OBÉSITÉ DANS LE MONDE EST-ELLE DUE PRINCIPALEMENT?

- a) Une surconsommation d'aliments.
- b) Une diminution substantielle de la dépense calorique quotidienne.
- c) a et b.
- d) L'hérédité.
- e) Une surconsommation de glucides.
- f) Aucune des réponses précédentes.

2. LAQUELLE DES ASSERTIONS SUIVANTES EST FAUSSE?

- a) Contrairement aux protéines du tissu nerveux, par exemple, celles des muscles se dégradent lorsqu'elles sont sous-utilisées.
- b) Les malaises ou les maladies «hypokinétiques» résultent d'un mode de vie sédentaire.
- c) L'exercice modifie le tissu musculaire mais pas le tissu osseux.
- d) Le gras abdominal serait le plus nuisible à la santé.
- e) Toutes les assertions précédentes sont exactes.

3. LA PRATIQUE RÉGULIÈRE DE L'ACTIVITÉ PHYSIQUE RÉDUIT SUBSTANTIELLEMENT LE RISQUE DE SOUFFRIR DES MALADIES SUIVANTES.

- a) L'asthme.
- b) Le diabète de type 1.
- c) La maladie coronarienne.
- d) Le cancer du côlon.
- e) Le cancer du sein.
- f) L'hypertension artérielle.
- g) Le diabète de type 2.
- h) La maladie d'Alzheimer.
- i) Le cancer de la peau.
- j) Le sida.

4. LAQUELLE DES ASSERTIONS SUIVANTES EST FAUSSE?

- a) L'exercice aide à combattre trois facteurs de risque majeurs associés à la maladie coronarienne: il réduit l'hypertension artérielle; il favorise le maintien d'un poids-santé; il encourage le fumeur à abandonner la cigarette.
- b) L'exercice est bénéfique pour la personne diabétique; il ne lui permet pas toutefois de se passer d'insuline.
- c) L'exercice peut déclencher une crise d'asthme mais, à long terme, il réduit le nombre des crises et leur sévérité.
- d) La pratique d'un exercice, même léger, entraîne une réduction marquée et quasi instantanée de l'activité électrique dans les muscles.
- e) Toutes les assertions sont vraies.

5. POUR RESSENTIR L'EFFET NARCOTIQUE (LIBÉRATION D'ENDORPHINES), QUEL TYPE D'EXERCICE FAUT-IL FAIRE ET PENDANT COMBIEN DE TEMPS?

- a) De la musculation pendant au moins 30 minutes.
- b) Des étirements pendant au moins 15 minutes.
- c) Des efforts anaérobiques de 30 secondes, 3 fois par jour.
- d) Des efforts aérobiques pendant au moins 20 minutes.
- e) Des exercices d'endurance musculaire pendant au moins 40 minutes.
- f) Des efforts aérobiques pendant au moins 45 minutes.

6. ASSOCIEZ LES SITUATIONS NUISANT À LA SANTÉ (LISTE DE GAUCHE) ET LES SOLUTIONS POSSIBLES (LISTE DE DROITE).

Situations	Solutions
____ 1. Je suis très anxieux.	a) Jogger pendant une heure.
____ 2. Je me sens déprimé aujourd'hui.	b) Faire des pompes le matin.
____ 3. Je dors mal.	c) Faire 15 à 25 minutes d'exercice modéré en fin d'après-midi ou en début de soirée.
____ 4. Je voudrais prévenir un stress appréhendé.	d) Faire une séance d'exercice modéré le matin.
	e) Faire 10 à 15 minutes d'exercice modéré avant l'événement susceptible de créer une situation stressante.
	f) Faire de la musculation après le souper.
	g) Faire 30 minutes d'exercice modéré en fin d'après-midi.

7. ON DIT QUE L'EXERCICE EST LA LOCOMOTIVE DE LA SANTÉ. LEQUEL (LESQUELS) DES ÉNONCÉS SUIVANTS LE DÉMONTRE(NT)?

a) Des études effectuées auprès d'adeptes du jogging et de la musculation ont révélé que 75 % à 80 % de ceux qui fumaient au départ ont abandonné cette habitude en cours de route.

b) Selon les données recueillies par l'Institut canadien de la recherche sur la condition physique et le mode de vie, les régimes d'entraînement vigoureux freinent l'usage de drogues mieux que tout autre type de programme antidrogue.

c) L'activité physique s'avère être pour le moral un merveilleux tonique, qui coûte deux fois rien et qui peut être prescrit à toute personne en panne sur le plan émotionnel.

d) Plus vous ressentirez les bienfaits de l'activité physique, plus vous voudrez améliorer votre mode de vie. Il en va ainsi avec les gens physiquement actifs; ils ont tendance à surveiller leur alimentation, leur niveau de stress et leur consommation d'alcool et de tabac.

e) Tous les énoncés le démontrent.

8. COMPLÉTEZ LES PHRASES SUIVANTES.

a) Parmi les facteurs de risque _____ (les plus nuisibles) et modifiables de la maladie coronarienne (l'inactivité physique, l'hypertension artérielle, un taux élevé de mauvais cholestérol et de triglycérides et le tabagisme), l'inactivité physique est de loin le facteur le plus _____ dans la population.

b) Les maladies hypokinétiques sont des problèmes de santé associés à un _____.

c) Un individu _____ peut perdre jusqu'à _____ g de muscle par année.

d) Le tissu osseux pouvant, comme le tissu musculaire, se _____, il suffit en général de _____ pour mettre un terme à sa dégradation.

e) Le gras _____ est celui qui pénètre le plus facilement dans le sang.

f) La recherche a clairement démontré que les personnes _____ sont plus souvent _____, coûtent plus cher à la société en frais médicaux et vivent moins longtemps que les personnes _____.

9. NOMMEZ CINQ CONSÉQUENCES SUR LA SANTÉ D'UNE VIE SÉDENTAIRE.

- _____
- _____
- _____
- _____
- _____

10. NOMMEZ CINQ EFFETS BÉNÉFIQUES SUR LA SANTÉ DE L'EXERCICE.

- _____
- _____
- _____
- _____
- _____

11. NOMMEZ TROIS CANCERS QUE L'EXERCICE PEUT AIDER À PRÉVENIR.

- _____
- _____
- _____

bilan 2

2.1 Votre niveau actuel d'activité physique

Maintenant que vous connaissez les dangers d'une vie sédentaire pour la santé, vous vous posez sûrement la question suivante : suis-je une personne sédentaire ou physiquement active ? Et si vous êtes déjà une personne active, vous vous demandez aussi : mon niveau d'activité physique est-il suffisant pour que j'en retire des bénéfices pour ma santé ? Le bilan qui suit devrait vous aider à répondre à ces questions.

Quantité d'exercice	Niveau d'activité physique	Bénéfices pour la santé	Amélioration des déterminants de la condition physique (chap.10)
○ 1. Je fais moins de 30 minutes d'activité physique d'intensité faible* par jour.	Très faible, mais au moins vous en faites un peu.	Plutôt faibles.	Très faible.
○ 2. Je fais au moins 30 minutes d'activité physique d'intensité faible par jour.	Faible.	Faibles à moyens.	Aucune.
○ 3. Je fais tous les jours ou presque au moins 30 minutes d'activité physique modérée.	Moyen.	Moyens.	Moyenne.
○ 4. Je pratique 2 à 3 fois par semaine, à raison de 30 à 60 minutes, une activité physique d'intensité modérée à élevée.	Moyen à élevé.	Moyens à élevés.	Moyenne à élevée.
○ 5. Je pratique 3 à 5 fois par semaine, à raison de 45 à 75 minutes, une activité physique d'intensité modérée à élevée.	Élevé.	Élevés.	Élevée.
○ 6. Je pratique plus de 5 fois par semaine, à raison de 45 à 90 minutes, une activité physique d'intensité modérée à élevée.	Élevé à très élevé.	Élevés, mais gare au surentraînement (p. 33 du manuel).	Élevée à très élevée.

* Vous trouverez dans le Bilan du chapitre 1 une définition des différents niveaux d'intensité de l'activité physique.

Réflexion personnelle

Si votre niveau d'activité physique est faible ou très faible, pourquoi en est-il ainsi selon vous ?

_____

_____

_____

_____

2.2 Votre engagement vis-à-vis de l'activité physique

Maintenant que vous avez fait le point sur votre niveau d'activité physique, vous pouvez vous poser la question suivante : que suis-je prêt à faire pour être physiquement plus actif ou pour maintenir mon niveau d'activité si je suis déjà actif? Cochez dans le tableau qui suit les engagements que vous souhaitez prendre ; dans un mois, vous cocherez ceux que vous aurez respectés.

Je m'engage à...	Je vais le faire dès maintenant.	Un mois plus tard, je tiens toujours le coup...	Signature d'un témoin (le cas échéant)
marcher le plus souvent possible.			
faire au moins 30 minutes d'activités physiques modérées par jour.			
utiliser l'escalier plutôt que l'ascenseur.			
choisir la marche, la bicyclette ou le patin à roulettes pour les courtes distances.			
éviter de demeurer inactif pendant de longues périodes comme lorsqu'on regarde la télévision ou qu'on fait un travail intellectuel.			
multiplier les occasions de bouger au lieu de les éviter.			
suivre un programme de mise en forme ou m'en faire un sur mesure et l'appliquer.			
pratiquer un sport qui me plaît.			
améliorer mes habiletés motrices pour me donner le goût de pratiquer une activité physique.			
effectuer l'activité suivante : _____			

1. Au total, vous avez pris _____ engagement(s) et vous en avez respecté _____.

2. Pour quelle raison n'avez-vous pas, le cas échéant, respecté certains de vos engagements?

○ J'ai manqué de temps.

○ J'ai manqué de motivation.

○ Je n'étais pas aussi prêt à passer à l'action que je le pensais.

○ Il aurait fallu que je ne sois pas seul dans ma démarche.

○ Autre(s) raison(s) : _____

3. Finalement, croyez-vous être capable de faire de la pratique régulière de l'activité physique une habitude de vie? Expliquez brièvement votre réponse.

_____

_____

_____

_____

méninges 3
à vos méninges
Remarque: Il peut y avoir plus d'une bonne réponse par question.

1. NOMMEZ CINQ PROBLÈMES DE SANTÉ ASSOCIÉS À LA MALBOUFFE.

- _____
- _____
- _____
- _____
- _____

2. IDENTIFIEZ DEUX TROUBLES ALIMENTAIRES GRAVES.

- _____
- _____

3. NOMMEZ DEUX SYNONYMES DE «HUILE HYDROGÉNÉE» UTILISÉS SUR L'ÉTIQUETTE DES PRODUITS ALIMENTAIRES.

- _____
- _____

4. QUELLES SONT LES SIX GRANDES FAMILLES DE NUTRIMENTS?

- _____
- _____
- _____
- _____
- _____
- _____

5. PARMI LES PROBLÈMES DE SANTÉ SUIVANTS, LESQUELS SONT FAVORISÉS PAR UN APPORT INSUFFISANT EN FIBRES ALIMENTAIRES?

- ○ **a)** Hémorroïdes.
- ○ **b)** Cancer du sein.
- ○ **c)** Constipation.
- ○ **d)** Diverticulose.
- ○ **e)** Maux d'estomac.

6. COMMENT NOTRE CONSOMMATION QUOTIDIENNE DE SEL SE SITUE-T-ELLE PAR RAPPORT À NOS BESOINS RÉELS?

- ○ **a)** Elle est de 10 à 12 fois trop élevée.
- ○ **b)** Elle est de 5 à 7 fois trop élevée.
- ○ **c)** Elle est de 2 à 4 fois trop élevée.
- ○ **d)** Elle est adéquate.
- ○ **e)** Aucune des réponses précédentes.

7. COMMENT QUALIFIERIEZ-VOUS LES GLUCIDES COMPLEXES?

- ○ **a)** Ce sont des sucres à éviter.
- ○ **b)** Ce sont des sucres à assimilation rapide.
- ○ **c)** Ce sont des sucres qui se trouvent dans les fruits et légumes.
- ○ **d)** Ce sont des sucres à assimilation lente.
- ○ **e)** Aucune des réponses précédentes.

8. QUELLE QUANTITÉ DE FIBRES ALIMENTAIRES DEVRAIT-ON CONSOMMER CHAQUE JOUR?

- ○ **a)** 10 g.
- ○ **b)** 30 g.
- ○ **c)** 15 g.
- ○ **d)** 20 g.
- ○ **e)** 40 g.

9. QUELS SONT LES AVANTAGES D'UN BON DÉJEUNER?

○ **a)** Permet de fournir un meilleur rendement scolaire.

○ **b)** Favorise le sommeil.

○ **c)** Donne plus d'énergie pour le cours d'éducation physique.

⊘ **d)** Favorise la remontée de la glycémie le matin.

○ **e)** Permet de réduire le nombre de collations.

10. QUE DOIT-ON FAIRE EN TOUT PREMIER LIEU POUR SAVOIR SI ON MANGE BIEN OU MAL?

○ **a)** Compter ses calories tous les jours.

○ **b)** Déterminer son poids-santé.

⊘ **c)** Connaître d'abord son métabolisme de base.

⊗ **d)** Comparer son alimentation à un modèle alimentaire sain.

○ **e)** Compter le nombre de repas et de collations qu'on prend chaque jour.

11. SI VOTRE MÉTABOLISME DE BASE RALENTIT,

○ **a)** c'est parce que vous brûlez plus de calories qu'avant.

○ **b)** c'est parce que vous brûlez moins de calories qu'avant.

○ **c)** c'est parce que vous n'avez pas modifié votre dépense énergétique.

○ **d)** vos réserves de graisse risquent d'augmenter.

○ **e)** votre masse musculaire risque d'être modifiée.

12. DANS QUELLE PROPORTION LES RÉGIMES MIRACLE SONT-ILS UN ÉCHEC?

○ **a)** 5 fois sur 10.

○ **b)** 7 fois sur 10.

○ **c)** 9 fois sur 10.

○ **d)** 3 fois sur 10.

○ **e)** 10 fois sur 10.

13. PARMI LES EFFETS SUIVANTS, LEQUEL OU LESQUELS SONT ASSOCIÉS À UN RÉGIME MIRACLE?

○ **a)** Une hausse du métabolisme de base.

○ **b)** La fonte musculaire.

○ **c)** Une constipation chronique.

○ **d)** Une perte de tissus osseux.

○ **e)** Une baisse du métabolisme de base.

14. ASSOCIEZ LES ALIMENTS GRAS (LISTE DE GAUCHE) ET LES TYPES DE GRAS (LISTE DE DROITE).

Aliments gras	Types de gras
____ **1.** Croustilles (chips).	**a)** Gras insaturés.
____ **2.** Huile de tournesol.	**b)** Acide gras trans.
____ **3.** Barre granola à base d'huile hydrogénée.	**c)** Gras saturés.
____ **4.** Gras de bœuf.	
____ **5.** Poutine.	
____ **6.** Graines de lin.	

15. COMPLÉTEZ LES PHRASES SUIVANTES.

a) Selon les enquêtes nutritionnelles les plus récentes, le régime alimentaire des Québécois comprend généralement encore trop de _____, trop de _____, trop de _____, et reste trop pauvre en _____, en légumes et en _____ à grains entiers.

b) Les trois pyramides alimentaires présentées dans ce chapitre ont un point en commun : les unes comme les autres garantissent un apport _____ et _____ d'aliments appartenant aux six grandes familles de _____.

c) Au total, 75 % du sel que nous consommons aujourd'hui provient des produits alimentaires _____ déjà _____.

bilan 3

3.1 Votre bilan alimentaire

On l'a dit, bien s'alimenter doit être quelque chose de simple. Les pyramides alimentaires présentées dans ce chapitre sont justement des bijoux de concision et de clarté (figures 3.1 à 3.3, p. 48 à 50 du manuel). En un coup d'œil, il est possible de juger si on mange bien ou mal. En fait, ces pyramides proposent une alimentation variée, sans interdit ni discours moralisateur. Elles suggèrent de consommer, chaque jour, un certain nombre de portions d'aliments dans chacun des principaux groupes alimentaires désignés par les nutritionnistes. Quant aux aliments plus pauvres sur le plan nutritif (frites, hot-dogs, beurre, bonbons, etc.), les pyramides alimentaires ne les interdisent pas, elles proposent plutôt qu'on les consomme avec modération.

Votre alimentation ressemble-t-elle à celle qui est préconisée par ces pyramides ?

1) Pour le savoir, commencez par choisir la pyramide qui, à vue d'œil, ressemble le plus à votre régime alimentaire actuel ou qui, encore, vous semble la mieux adaptée à votre environnement culturel.

2) Remplissez ensuite le tableau correspondant à la pyramide choisie en essayant de vous remémorer ce que vous mangez jour après jour dans une semaine type, samedi et dimanche inclus. (Vous pouvez utiliser le journal alimentaire présenté à la page 17.) Votre relevé terminé, n'oubliez pas de tirer les conclusions qui s'imposent en cochant la case appropriée. Notez aussi, s'il y a lieu, vos écarts alimentaires.

3) Une fois votre bilan alimentaire terminé, passez au bilan 3.2. On vous y invite à prendre des mesures immédiates pour corriger les écarts alimentaires constatés ou encore pour maintenir votre alimentation actuelle, s'il s'avère qu'elle est déjà équilibrée et variée.

A   BILAN EN FONCTION DE LA PYRAMIDE ALIMENTAIRE CANADIENNE

Inscrivez dans la case appropriée le nombre de portions ingérées de chacun des quatre groupes alimentaires*.

Portions recommandées/jour	Lundi	Mardi	Mercredi	Jeudi	Vendredi	Samedi	Dimanche	Nombre moyen de portions/ jour
Produits céréaliers : 5 à 12								
Légumes et fruits : 5 à 10								
Produits laitiers : 2 à 4								
Viande et substituts : 2 à 3								
Sucreries : avec modération								

* Servez-vous au besoin du journal alimentaire détaillé (p. 17).

Tirez vos conclusions...

En général, je respecte les recommandations de la pyramide alimentaire canadienne :

○ Oui   ○ Non

Si non, j'ai constaté les écarts alimentaires suivants :

Je ne mange pas assez de
○ Produits céréaliers
○ Légumes et fruits
○ Produits laitiers
○ Viande et substituts

Je mange trop de
○ Sucreries
○ Produits laitiers
○ Viande et substituts

Réflexion personnelle

Si vous avez constaté des écarts alimentaires, pourquoi en est-il ainsi selon vous ?

_____

_____

_____

_____

_____

bilan 3 (suite)

B BILAN EN FONCTION DE LA PYRAMIDE ALIMENTAIRE MÉDITERRANÉENNE

Inscrivez dans la case appropriée le nombre de fois par jour, par semaine ou par mois que vous avez consommé les aliments mentionnés dans la pyramide alimentaire méditerranéenne*.

Recommandations	Par jour	Par semaine	Par mois
Viande : une fois par mois			
Sucreries : une fois par semaine			
Œufs : une fois par semaine			
Volaille : une fois par semaine			
Poisson : une fois par semaine			
Fromage et yogourt : une fois par jour			
Huile d'olive : une fois par jour			
Fruits : une fois par jour			
Graines et noix : une fois par jour			
Légumes : une fois par jour			
Pain, pâtes, riz, couscous, polenta, céréales de grains entiers et pommes de terre : une fois par jour			

* Servez-vous au besoin du journal alimentaire détaillé (p. 17).

Tirez vos conclusions...

En général, je respecte les recommandations de la pyramide alimentaire méditerranéenne :

○ Oui   ○ Non

Si non, j'ai constaté les écarts alimentaires suivants :

Je ne mange pas assez de

○ Œufs   ○ Huile d'olive

○ Volaille   ○ Fruits, graines, noix et légumes

○ Poisson   ○ Pain, pâtes, riz, couscous, polenta, céréales de grains entiers et pommes de terre

○ Fromage et yogourt

Je mange trop de

○ Sucreries

○ Viande rouge

Réflexion personnelle

Si vous avez constaté des écarts alimentaires, pourquoi en est-il ainsi selon vous ?

_____

_____

_____

_____

C BILAN EN FONCTION DE LA PYRAMIDE ALIMENTAIRE ASIATIQUE

Inscrivez dans la case appropriée le nombre de fois par jour, par semaine ou par mois que vous avez consommé les aliments mentionnés dans la pyramide alimentaire asiatique*.

Recommandations	Par jour	Par semaine	Par mois
Viande : une fois par mois			
Sucreries : une fois par semaine			
Œufs et volaille : une fois par semaine			
Poisson et fruits de mer : une fois par jour (facultatif)			
Huiles végétales : une fois par jour			
Fruits : une fois par jour			
Légumineuses, graines et noix : une fois par jour			
Légumes : une fois par jour			
Riz, nouilles, pain, millet, maïs et céréales de grains entiers : une fois par jour			

* Servez-vous au besoin du journal alimentaire détaillé (p. 17).

Tirez vos conclusions...

En général, je respecte les recommandations de la pyramide alimentaire asiatique :

○ Oui   ○ Non

Si non, j'ai constaté les écarts alimentaires suivants :

Je ne mange pas assez de

○ Œufs et volaille   ○ Légumineuses, graines et noix
○ Poisson et fruits de mer   ○ Légumes
○ Huiles végétales   ○ Riz, nouilles, pain, millet, maïs
○ Fruits   et céréales de grains entiers

Je mange trop de

○ Sucreries
○ Viande rouge

Réflexion personnelle

Si vous avez constaté des écarts alimentaires, pourquoi en est-il ainsi selon vous ?

_____

_____

_____

_____

_____

_____

FICHE Votre journal alimentaire détaillé

Pour vous aider à faire les bilans du chapitre 3, vous pouvez utiliser le journal alimentaire qui suit.
Il vous permettra de faire l'inventaire complet de ce que vous mangez dans une journée type.

Repas	Aliments	Nature des aliments en fonction de la pyramide alimentaire choisie* (ex. : produits céréaliers, poissons, fruits, légumes, etc.).
Déjeuner		
Collation		
Dîner		
Collation		
Souper		
Collation		

* Voir dans le manuel, p. 70, 71 ou 72.

bilan 3 (suite)

3.2 Votre engagement vis-à-vis de l'alimentation

Maintenant que vous avez fait le point sur la façon dont vous vous alimentez, vous pouvez vous poser la question suivante : que suis-je prêt à faire pour améliorer ou maintenir la qualité de mon alimentation ?

Cochez dans le tableau qui suit les engagements que vous souhaitez prendre ; dans un mois, vous cocherez ceux que vous aurez respectés.

Je m'engage à...	Je vais le faire dès maintenant.	Un mois plus tard, je tiens toujours le coup...	Signature d'un témoin (le cas échéant)
corriger mes écarts alimentaires constatés dans le bilan 3.1.			
manger à des heures régulières le plus souvent possible.			
réduire ma consommation d'aliments riches en mauvais gras (gras saturés et hydrogénés).			
augmenter ma consommation d'aliments riches en bon gras (gras insaturés).			
manger davantage de fruits et de légumes.			
manger davantage de légumineuses et de céréales de grains entiers.			
saler un peu moins ma nourriture.			
déjeuner tous les matins.			
éviter de prendre un repas copieux tard dans la soirée.			
éviter de manger des repas-minute riches en gras saturés et en sel plus de 2 fois par semaine.			
boire l'équivalent de 6 verres d'eau par jour.			
prendre la(les) mesure(s) suivante(s) : _____			

1. Au total, vous avez pris _____ engagement(s) et vous en avez respecté _____.

2. Pour quelle raison n'avez-vous pas, le cas échéant, respecté certains de vos engagements?
○ J'ai manqué de temps.
○ J'ai manqué de motivation.
○ Je n'étais pas aussi prêt à passer à l'action que je le pensais.
○ Il aurait fallu que je ne sois pas seul dans ma démarche.
○ Autre(s) raison(s): _____

3. Finalement, croyez-vous être capable d'adopter à long terme des habitudes alimentaires saines ou, si votre alimentation est déjà saine, de la maintenir telle qu'elle est? Expliquez brièvement votre réponse.

_____

_____

_____

_____

_____

_____

_____

méninges 4
à vos méninges

Remarque : Il peut y avoir plus d'une bonne réponse par question.

1. ÉNUMÉREZ CINQ EFFETS PHYSIOLOGIQUES IMMÉDIATS DU STRESS.

- _____
- _____
- _____
- _____
- _____

2. NOMMEZ TROIS « CHASSE-STRESS » EFFICACES.

- _____
- _____
- _____

3. ÉNUMÉREZ CINQ SYMPTÔMES ASSOCIÉS AU « SURSTRESS ».

- _____
- _____
- _____
- _____
- _____

4. PARMI LES STRATÉGIES SUIVANTES, LESQUELLES PEUVENT VOUS AIDER À MIEUX GÉRER VOTRE NIVEAU DE STRESS ?

- ○ **a)** Évaluer d'abord son niveau de stress.
- ○ **b)** Prendre la vie quotidienne avec un grain de sel.
- ○ **c)** Dédramatiser les situations stressantes.
- ○ **d)** Se lever et se coucher à heures fixes.
- ○ **e)** Utiliser au besoin les techniques de relaxation.

5. PARMI LES ASSERTIONS SUIVANTES, LAQUELLE DÉFINIT LE MIEUX LE STRESS ?

- ○ **a)** C'est un mal de vivre chronique.
- ○ **b)** C'est un état de tension psychique.
- ○ **c)** C'est le mal du siècle.
- ○ **d)** C'est une réaction d'adaptation non spécifique de l'organisme.
- ○ **e)** C'est une réaction du corps à une situation tendue.

6. DANS LA LISTE D'EFFETS QUI SUIT, LESQUELS PEUVENT ÊTRE ATTRIBUÉS AUX TECHNIQUES DE RELAXATION ?

- ○ **a)** On mange mieux.
- ○ **b)** On dort mieux.
- ○ **c)** On est plus souvent à l'heure.
- ○ **d)** On a moins de maux de tête.
- ○ **e)** On fait plus d'exercice.

7. COMPLÉTEZ LES PHRASES SUIVANTES.

a) Ce n'est pas tant le stress émotionnel qui nuit à la santé que la _____ ou l'apparente_____ de réaction devant la situation stressante.

b) Si le stress vous gagne, votre _____ risque de devenir _____ et superficielle, voire de se _____ à l'occasion.

c) L'imagerie _____ est l'équivalent d'une _____ d'actions réelles.

bilan4

4.1 Votre niveau de stress

Répondez à toutes les questions en vous accordant 1 point pour chaque « oui » et 0 point pour chaque « non ».

Vous arrive-t-il SOUVENT...	oui	non
1. de négliger votre alimentation ?		
2. d'essayer de tout faire en même temps ?		
3. de perdre contrôle facilement ?		
4. de vous fixer des buts irréalistes ?		
5. de ne pas voir l'humour dans des situations qui amusent les autres ?		
6. de dormir mal ou trop peu ?		
7. de faire des « montagnes » avec des riens ?		
8. d'attendre que les autres agissent à votre place ?		
9. d'avoir de la difficulté à prendre des décisions ?		
10. de déplorer votre manque d'organisation ?		
11. d'éviter les gens qui ne partagent pas vos idées ?		
12. de tout garder en vous ?		
13. de négliger de faire de l'exercice physique ?		
14. d'être inquiet à propos de vos résultats scolaires ou de penser que vous n'étudiez pas dans un domaine qui vous convient ?		
15. de vous plaindre d'un manque d'argent ?		
16. d'utiliser des somnifères ou des tranquillisants sans ordonnance ?		
17. de vous sentir physiquement ou mentalement fatigué ?		
18. de vous fâcher lorsqu'on vous fait attendre ?		
19. de ne pas vous occuper de vos symptômes de stress ?		

© ÉDITIONS DU RENOUVEAU PÉDAGOGIQUE INC.

Vous arrive-t-il SOUVENT...	oui	non
20. de remettre les choses à plus tard ?		
21. de ne pas trouver de temps pendant la journée pour vous détendre ?		
22. de potiner ?		
23. d'avoir l'impression de courir toute la journée ?		
24. d'être incapable de vous concentrer ?		
25. d'avoir des relations tendues avec vos proches (parents, frères, sœurs, etc.) ?		
TOTAL :		

Ce que votre résultat signifie...

Entre 1 point et 6 points. Votre stress est faible. Vous êtes vraiment très décontracté ! Faites attention cependant car, en essayant à tout prix d'éviter les problèmes, vous pourriez rater des occasions de relever de nouveaux défis.

Entre 7 points et 13 points. Votre stress est moyen. Vous jouissez d'un bon équilibre. Votre stress et votre capacité à le contrôler se compensent.

Entre 14 points et 20 points. Votre stress est élevé. Attention ! Vous approchez de la zone dangereuse. Mettez en application les conseils de relaxation (exercices et techniques, p. 82 et suivantes du manuel) et refaites le test dans un mois.

20 points et plus. Votre stress est très élevé. Urgence ! Arrêtez-vous dès maintenant, cherchez de l'aide (thérapeute, proche, ami, etc.) et réexaminez votre mode de vie. Entre-temps, faites de l'exercice et pratiquez la relaxation avant que le couvercle de la marmite ne saute !

Réflexion personnelle

Si votre niveau de stress est élevé ou très élevé, pourquoi en est-il ainsi selon vous ?

_____

_____

_____

_____

_____

_____

bilan 4 (suite)

4.2 Votre engagement vis-à-vis du stress

Cochez dans le tableau qui suit les engagements que vous souhaitez prendre; dans un mois, vous cocherez ceux que vous aurez respectés.

Je m'engage à...	Je vais le faire dès maintenant.	Un mois plus tard, je tiens toujours le coup...	Signature d'un témoin (le cas échéant)
mettre le doigt sur ce qui me stresse.			
éviter autant que possible les situations, les événements et les individus qui me stressent.			
dédramatiser les situations stressantes.			
être plus optimiste.			
améliorer la qualité de mon sommeil (voir p. 80 du manuel).			
utiliser, au besoin, une technique de relaxation pour me détendre.			
effectuer l'activité suivante : _____			

1. Au total, vous avez pris _____ engagement(s) et vous en avez respecté _____.

2. Pour quelle raison n'avez-vous pas, le cas échéant, respecté certains de vos engagements?

○ J'ai manqué de temps.

○ J'ai manqué de motivation.

○ Je n'étais pas aussi prêt à passer à l'action que je le pensais.

○ Il aurait fallu que je ne sois pas seul dans ma démarche.

○ Autre(s) raison(s) : _____

3. Finalement, croyez-vous être capable de gérer votre stress efficacement? Expliquez brièvement votre réponse.

_____

_____

_____

_____

_____

_____

_____

méninges 5
à vos méninges

Remarque: Il peut y avoir plus d'une bonne réponse par question.

1. LA NICOTINE CONTENUE DANS LE TABAC CRÉE:

- a) un déficit en oxygène dans le sang.
- b) une dépendance physiologique.
- c) une baisse de la concentration.
- d) une hausse de la concentration de monoxyde de carbone.
- e) Aucune des réponses précédentes.

2. VOUS ORGANISEZ UNE FÊTE AVEC DES AMIS. PARMI LES TRUCS ÉNUMÉRÉS CI-DESSOUS, LESQUELS PEUVENT AIDER VOS AMIS À NE PAS ABUSER DE L'ALCOOL?

- a) Servir des aliments riches en hydrates de carbone.
- b) Choisir un endroit assez vaste et bien aéré.
- c) Animer la fête en faisant bouger ses invités.
- d) Servir des arachides salées et des croustilles.
- e) Servir des aliments riches en protéines et en amidon.

3. LAQUELLE DES DÉPENDANCES SUIVANTES EST LA PLUS MORTELLE SUR LA PLANÈTE?

- a) L'abus de médicaments.
- b) L'abus d'alcool.
- c) L'abus de drogues.
- d) Le tabagisme.
- e) Toutes les réponses précédentes.

4. PARMI LES PROBLÈMES DE SANTÉ SUIVANTS, LEQUEL OU LESQUELS SONT ASSOCIÉS À UN ABUS D'ALCOOL PASSAGER?

- a) Perte d'appétit.
- b) Diarrhée.
- c) Perturbation du jugement.
- d) Diminution de la coordination.
- e) Constipation.

5. L'HABITUDE DE FUMER DES CIGARETTES EXISTE DEPUIS:

- a) 50 ans.
- b) 100 ans.
- c) 300 ans.

6. EN 25 ANS, LE TABAGISME A TUÉ L'ÉQUIVALENT DE:

- a) 50% de la population du Québec.
- b) 100% de la population du Canada.
- c) 25% de la population des États-Unis.
- d) 90% de la population de la France.
- e) Aucune des réponses précédentes.

7. PARMI LES EFFETS BÉNÉFIQUES SUIVANTS, LEQUEL OU LESQUELS RESSENT-ON LORSQU'ON CESSE DE FUMER?

- a) Le métabolisme de base augmente.
- b) On a une meilleure haleine.
- c) On goûte mieux les aliments.
- d) On a un meilleur odorat.
- e) En une semaine, le sang est plus riche en oxygène de 5 à 10%.

8. CHEZ BEAUCOUP DE PERSONNES, LE TAUX D'AL-COOL DANS LE SANG PEUT ATTEINDRE 80 MG PAR 100 ML EN UNE HEURE, APRÈS SEULEMENT:

- a) une consommation.
- b) deux consommations.
- c) trois consommations.
- d) quatre consommations.
- e) cinq consommations.

9. SI VOUS ÊTES SORTI ET QUE VOUS AVEZ TROP BU, QUELLE(S) OPTION(S) S'OFFRE(NT) À VOUS?

- a) Vous couchez sur place.
- b) Vous prenez un taxi.
- c) Vous prenez du café pour dégriser.
- d) Vous dansez beaucoup pour accélérer l'élimination de l'alcool de votre sang.
- e) Vous rentrez avec un chauffeur que vous aviez désigné auparavant.

10. NOMMEZ CINQ PROBLÈMES DE SANTÉ ASSOCIÉS À L'ABUS CHRONIQUE D'ALCOOL.

- _____
- _____
- _____
- _____
- _____

11. ÉNUMÉREZ CINQ CONSEILS QUE VOUS DONNERIEZ À QUELQU'UN QUI VEUT CESSER DE FUMER.

- _Mette du temps à allumer la cigar_
- _Faire de l'exercice_
- _fumer la dernière au bon moment_
- _demandez vous quand et pourquoi vousfumez_
- _Surveillez votre alll_

12. NOMMEZ CINQ PROBLÈMES DE SANTÉ GRAVES CAUSÉS PAR LE TABAGISME.

- _Cancer du poumon_
- _Des maladies_
- _ulcère d'estomac_
- _asthme_
- _Cancer du foie_

13. COMPLÉTEZ LES PHRASES SUIVANTES.

a) Il n'y a pas qu'au volant que l' _alcool_ constitue un problème. On risque de faire une mauvaise chute, d'attraper ou de transmettre une _MTS_ , et même de faire montre de _la violence_ verbale ou physique.

b) Beaucoup de fumeurs reportent leur décision d'arrêter de fumer en espérant qu'un jour une _méthode miracle_ viendra faire tout le travail à leur _place_ .

c) La recherche a démontré que ceux qui ne peuvent ou ne veulent pas cesser de fumer sont toutefois capables de _diminuer_ leur consommation de cigarettes.

bilan 5

5.1 Le bilan de votre dépendance à la nicotine

A JUSQU'À QUEL POINT ÊTES-VOUS DÉPENDANT DE LA NICOTINE?

L'échelle de tolérance à la nicotine de Fagerström est la meilleure façon de déterminer le niveau de dépendance à la nicotine. Si vous fumez, passez d'abord ce test avant de faire les autres bilans.

	0 point	1 point	2 points	points obtenus
Je fume ma première cigarette...	plus de 30 minutes après le réveil.	moins de 30 minutes après le réveil.	dès le lever.	
J'ai de la difficulté à m'abstenir de fumer là où c'est interdit.	Non.	Oui.		
Ce qui m'apporte le plus de satisfaction...	ce sont toutes les cigarettes, sauf la première de la journée.	c'est la première cigarette de la journée.		
Je fume chaque jour...	de 1 à 15 cigarettes.	de 16 à 25 cigarettes.	plus de 25 cigarettes.	
Je fume davantage le matin que le reste de la journée.	Non.	Oui.		
Si je suis malade et alité...	je ne fume pas.	je fume.		
La teneur en nicotine de mes cigarettes est...	faible.	modérée.	forte.	
J'inhale la fumée.	Jamais.	Parfois.	Toujours.	

Faites le total des points obtenus. _____

Ce que votre résultat signifie...

Entre 0 point et 3 points. Vous êtes peu dépendant ou pas du tout.

Entre 4 points et 6 points. Vous êtes moyennement dépendant.

Entre 7 points et 9 points. Vous êtes sérieusement dépendant.

10 points et plus. Vous êtes complètement dépendant.

B   OÙ, QUAND ET POURQUOI FUMEZ-VOUS?

Le formulaire qui suit vous aidera à faire le bilan de ce qui vous pousse à fumer et des satisfactions que vous en retirez. Comme vous devrez l'avoir à portée de la main pendant toute une journée, faites-en une photocopie et pliez la copie en deux pour l'insérer dans votre paquet de cigarettes ou placez-la dans un autre endroit facilement accessible. Chaque fois que vous fumez, inscrivez sur le formulaire l'heure, l'endroit, la personne avec qui vous êtes (le cas échéant), votre humeur (bonne ou mauvaise) et votre besoin réel de fumer à ce moment précis. Vous verrez, c'est un exercice très instructif!

Dans la colonne intitulée «Humeur», inscrivez:

B: si vous vous sentez bien ou de bonne humeur avant de fumer;

M: si vous vous sentez en colère, triste ou de mauvaise humeur avant de fumer;

?: si vous n'êtes pas certain de la nature de vos sentiments avant de fumer.

Dans la colonne intitulée «Besoin», notez l'intensité (de 1 à 5) de votre besoin de fumer. Inscrivez:

1: si cette cigarette n'est pas du tout indispensable;

5: si vous avez désespérément besoin de cette cigarette.

Cigarette	Heure	Endroit	Avec qui?	Humeur (B, M ou?)	Besoin (1 à 5)
1re					
2e					
3e					
4e					
5e					
6e					
7e					
8e					
9e					
10e					
11e					
12e					
13e					
14e					
15e					
16e					
17e					
18e					
19e					

bilan 5 (suite)

Cigarette	Heure	Endroit	Avec qui?	Humeur (B,M ou?)	Besoin (1 à 5)
20ᵉ					
21ᵉ					
22ᵉ					
23ᵉ					
24ᵉ					
25ᵉ					

Répondez maintenant à ces questions.

1. Combien de cigarettes consommées pendant la journée

   a) satisfont un besoin désespéré de fumer? _____

   b) ne satisfont aucun besoin particulier? _____

   c) l'ont été alors que vous étiez de mauvaise humeur? _____
   de bonne humeur? _____

2. Compte tenu de ce qui vous pousse à fumer en général et des satisfactions que la cigarette
   vous procure, quelles conclusions en tirez-vous?

   Je ne fume jamais. _____

   _____

   _____

   _____

   _____

   _____

   _____

   _____

C ÊTES-VOUS VRAIMENT PRÊT À CESSER DE FUMER?

Vous connaissez votre degré de dépendance à la nicotine (et donc le degré de difficulté qui vous attend si vous vous décidez à cesser de fumer). Vous connaissez ce qui vous pousse à fumer et les satisfactions que vous en retirez. Alors la question se pose : êtes-vous vraiment prêt à cesser de fumer ? Le court bilan qui suit vous aidera à y répondre.

Arrêteriez-vous de fumer si vous pouviez le faire facilement?

○ Non (0 point)　　　　　　○ Oui (1 point)

Avez-vous réellement envie de cesser de fumer?

○ Pas du tout (0 point)　　　○ Moyennement (2 points)
○ Un peu (1 point)　　　　　○ Beaucoup (3 points)

Pensez-vous réussir à cesser de fumer au cours des deux semaines à venir?

○ Non (0 point)　　　　　　○ Vraisemblablement (2 points)
○ Peut-être (1 point)　　　　○ Certainement (3 points)

Selon ce que vous entrevoyez aujourd'hui, serez-vous un ex-fumeur dans six mois?

○ Non (0 point)
○ Peut-être (1 point)
○ Vraisemblablement (2 points)
○ Certainement (3 points)

Faites le total des points obtenus. _____

Ce que votre résultat signifie…

Entre 0 point et 2 points. Votre degré de motivation à cesser de fumer est faible (vous n'êtes pas vraiment décidé).

Entre 3 points et 6 points. Votre degré de motivation à cesser de fumer est moyen (vous commencez à être décidé).

7 points et plus. Votre degré de motivation à cesser de fumer est élevé (vous êtes vraiment décidé).

bilan 5 (suite)

5.2 Votre engagement vis-à-vis de la cigarette

Maintenant que vous avez fait le point sur votre dépendance à la nicotine, vous pouvez vous poser la question suivante : que suis-je prêt à faire pour fumer moins ou cesser de fumer ? Cochez dans le tableau qui suit les engagements que vous souhaitez prendre ; dans un mois, vous cocherez ceux que vous aurez respectés.

Je m'engage à...	Je vais le faire dès maintenant.	Un mois plus tard, je tiens toujours le coup...	Signature d'un témoin (le cas échéant)
faire comme la plupart des ex-fumeurs : arrêter de moi-même sans attendre la méthode-miracle.			
prendre ma décision au moment opportun.			
faire de l'exercice.			
éviter le plus possible les endroits et les occasions où on fume.			
diminuer graduellement ma consommation de cigarettes.			
passer un contrat avec un ami pour cesser de fumer à une date précise.			
prendre contact avec un organisme voué à la lutte contre le tabagisme.			
prendre la mesure suivante : _____			

1. Au total, vous avez pris _____ engagement(s) et vous en avez respecté _____.

2. Pour quelle raison n'avez-vous pas, le cas échéant, respecté certains de vos engagements ?

○ J'ai manqué de temps.

○ J'ai manqué de motivation.

○ Je n'étais pas aussi prêt à passer à l'action que je le pensais.

○ Il aurait fallu que je ne sois pas seul dans ma démarche.

○ Autre(s) raison(s) : _____

3. Finalement, croyez-vous être capable de cesser de fumer dans un avenir rapproché ? Expliquez brièvement votre réponse.

Je ne fume jamais

5.3 Le bilan de votre dépendance à l'alcool

Le petit test qui suit vous permettra de mesurer votre degré de dépendance à l'alcool. Pour chaque question, choisissez la réponse qui décrit le mieux votre attitude à l'égard de l'alcool au cours des 12 derniers mois et inscrivez le nombre de points obtenus dans la case appropriée. Faites ensuite le total de vos points. Rappelons qu'une consommation d'alcool est l'équivalent d'un verre de bière (340 mL ou 12 oz), d'un verre de vin (125 mL ou 4,5 oz) ou d'un verre de spiritueux (42 mL ou 1,5 oz).

	0 point	1 point	2 points	3 points	4 points	points obtenus
1. À quelle fréquence prenez-vous de l'alcool ?	Jamais.	Une fois par mois ou moins.	Deux à quatre fois par mois.	Deux ou trois fois par semaine.	Plus de trois fois par semaine.	
2. Combien de consommations d'alcool prenez-vous, en moyenne, par jour ?	Aucune ; une ou deux.	Trois ou quatre.	Cinq ou six.	Sept à neuf.	Dix ou plus.	
3. Vous arrive-t-il souvent de prendre six consommations ou plus en une même occasion ?	Jamais.	Moins d'une fois par mois.	Une fois par mois.	Une fois par semaine.	Tous les jours ou presque.	
4. Vous est-il arrivé, au cours des 12 derniers mois, de ne plus être capable d'arrêter de boire une fois que vous aviez commencé ?	Jamais.	Moins d'une fois par mois.	Une fois par mois.	Une fois par semaine.	Tous les jours ou presque.	
5. Vous est-il arrivé, au cours des 12 derniers mois, de ne pas faire ce que vous deviez faire à cause d'une trop grande consommation d'alcool ?	Jamais.	Moins d'une fois par mois.	Une fois par mois.	Une fois par semaine.	Tous les jours ou presque.	
6. Vous est-il arrivé, au cours des 12 derniers mois, de prendre un verre le matin pour vous aider à démarrer la journée après avoir trop bu la veille ?	Jamais.	Moins d'une fois par mois.	Une fois par mois.	Une fois par semaine.	Tous les jours ou presque.	
7. Vous êtes-vous senti, au cours des 12 derniers mois, coupable ou pris de remords après avoir trop bu ?	Jamais.	Moins d'une fois par mois.	Une fois par mois.	Une fois par semaine.	Tous les jours ou presque.	
8. Vous est-il arrivé, au cours des 12 derniers mois, d'être incapable de vous rappeler ce que vous aviez fait la veille parce que vous aviez trop bu ?	Jamais.	Moins d'une fois par mois.	Une fois par mois.	Une fois par semaine.	Tous les jours ou presque.	
9. Vous êtes-vous déjà blessé ou avez-vous déjà causé une blessure à une autre personne parce que vous aviez trop bu ?	Non.		Oui, mais pas au cours des 12 derniers mois.		Oui, au cours des 12 derniers mois.	
10. Vos parents, vos amis, votre médecin ou un autre travailleur de la santé s'inquiètent-ils de votre consommation d'alcool ou vous suggèrent-ils de la diminuer ?	Non.		Oui, mais pas au cours des 12 derniers mois.		Oui, au cours des 12 derniers mois.	

Faites le total des points obtenus. _____

bilan 5 (suite)

Ce que votre résultat signifie…

Entre 0 point et 4 points. Vous n'avez aucune dépendance à l'alcool.

Entre 5 points et 7 points. Vous avez une certaine dépendance à l'alcool.

8 points et plus. Vous avez une forte dépendance à l'alcool.

5.4 Votre engagement vis-à-vis de l'alcool

Maintenant que vous avez fait le point sur votre dépendance à l'alcool, vous pouvez vous poser la question suivante : que suis-je prêt à faire pour éviter l'abus d'alcool et ses conséquences ?

Cochez dans le tableau qui suit les engagements que vous souhaitez prendre ; dans un mois, vous cocherez ceux que vous aurez respectés.

Je m'engage à...	Je vais le faire dès maintenant.	Un mois plus tard, je tiens toujours le coup…	Signature d'un témoin (le cas échéant)
boire lentement.	○		
avoir la volonté de dire «non» quand on insiste pour me faire boire.	○		
manger avant de prendre un verre.	○		
faire appel à l'opération Nez rouge ou à me faire reconduire par un ami ou un proche chaque fois que j'aurai dépassé la limite légale pour la conduite automobile.	○		
utiliser les alcootests disponibles dans les bars pour vérifier mon taux d'alcool.	○		
éviter de boire de la bière pour combattre la soif ; je prendrai d'abord de l'eau.	○		
éviter le piège de recourir à l'alcool pour «oublier» mes problèmes.	○		
prendre la mesure suivante : *je ne bois jamais d'alcool*	○		

1. Au total, vous avez pris _____ engagement(s) et vous en avez respecté _____.

2. Pour quelle raison n'avez-vous pas, le cas échéant, respecté certains de vos engagements?

○ J'ai manqué de temps.

○ J'ai manqué de motivation.

○ Je n'étais pas aussi prêt à passer à l'action que je le pensais.

○ Il aurait fallu que je ne sois pas seul dans ma démarche.

○ Autre(s) raison(s) : _____

3. Finalement, croyez-vous être capable d'éviter l'abus d'alcool? Expliquez brièvement votre réponse.

J'ai jamais bu d'alcool dans ma vie.

méninges **6**
à vos méninges

Remarque: Il peut y avoir plus d'une bonne réponse par question.

1. PARMI LES ASSERTIONS SUIVANTES, LAQUELLE OU LESQUELLES SONT FONDÉES?

○ **a)** On court moins de risques de souffrir d'un cancer de la peau si on se garde en forme.

○ **b)** Si on sue beaucoup, c'est signe qu'on est en mauvaise forme.

○ **c)** Le meilleur moment pour faire de l'exercice est le matin.

⊗ **d)** L'exercice retarde le déclin des fonctions respiratoires associé au vieillissement.

○ **e)** On doit toujours passer un examen médical avant de commencer un programme de mise en forme.

2. POURQUOI EST-IL BON QU'UNE FEMME ENCEINTE SE GARDE EN FORME?

○ **a)** Les visites médicales peuvent être réduites.

○ **b)** Il y a moins de nausées en début de grossesse.

⊘ **c)** La récupération physique est plus rapide après l'accouchement.

○ **d)** Le métabolisme diminue pendant la grossesse.

○ **e)** Aucune des assertions précédentes.

3. POURQUOI UN MUSCLE INACTIF NE SE TRANSFORME-T-IL PAS EN GRAISSE?

⊘ **a)** Parce que les cellules musculaires ne peuvent se transformer en cellules adipeuses.

○ **b)** Parce que les glucides en réserve dans le muscle sont éliminés par la voie urinaire.

○ **c)** Parce que les protéines se dégradent et sont éliminées par la voie urinaire.

○ **d)** Parce que les lipides en réserve dans le muscle sont métabolisés dans le foie.

○ **e)** Aucune des réponses précédentes.

4. QUE SIGNIFIE L'EXPRESSION «EFFET THERMIQUE DES ALIMENTS»?

⊗ **a)** Une fois dans l'estomac, les aliments prennent la température du corps.

○ **b)** L'organisme dépense des calories pour digérer les aliments.

○ **c)** La digestion des aliments ralentit le métabolisme de base.

⊘ **d)** Les aliments digérés libèrent de la chaleur.

○ **e)** Toutes les réponses précédentes.

5. VRAI OU FAUX?

a) L'arrêt des règles causé par un entraînement physique intense est irréversible. **V** Ⓕ

b) À entraînement musculaire équivalent, les femmes peuvent, en général, avoir d'aussi gros muscles que les hommes. **V** Ⓕ

c) On court moins de risques de souffrir d'un cancer de la peau si on se garde en forme. **V** Ⓕ

d) L'air froid qui pénètre dans les voies respiratoires est réchauffé avant d'atteindre les bronches. Ⓥ **F**

e) On peut maigrir du ventre si on fait des exercices pour les muscles du ventre. **V** Ⓕ

méninges 7
à vos méninges

Remarque: Il peut y avoir plus d'une bonne réponse par question.

I. SI UNE SITUATION D'URGENCE VOUS OBLIGE À QUITTER LES LIEUX À TOUTE VITESSE, QUELLE COMPOSANTE DE VOTRE ORGANISME VOUS PERMETTRA DE LE FAIRE?

- a) Les granules de glycogène dans les muscles.
- b) Le système de transport de l'oxygène.
- c) L'ATP de réserve dans les muscles.
- d) La créatine phosphate de réserve dans les muscles.
- e) Aucune des réponses précédentes.

2. PENDANT COMBIEN DE TEMPS LES MUSCLES PEUVENT-ILS FOURNIR UN EFFORT MAXIMAL GRÂCE À LEUR RÉSERVE D'ATP?

- a) Plus de deux minutes.
- b) Une seconde.
- c) Au moins 30 secondes.
- d) Deux ou trois secondes.
- e) Plus de 10 secondes.

3. COMMENT DÉFINIRIEZ-VOUS L'ATP (ADÉNOSINE TRIPHOSPHATE)?

- a) C'est une hormone haute en énergie.
- b) C'est un hydrate de carbone mis en réserve dans les muscles seulement.
- c) C'est une protéine qui permet la contraction du muscle.
- d) C'est une molécule à base d'acides aminés haute en énergie.
- e) Aucune des réponses précédentes.

4. SUR COMBIEN DE SYSTÈMES LE CORPS PEUT-IL COMPTER POUR ALIMENTER LES MUSCLES EN ATP?

- a) Un système.
- b) Deux systèmes.
- c) Trois systèmes.
- d) Quatre systèmes.
- e) Cinq systèmes.

5. PARMI LES SYSTÈMES SUIVANTS, LEQUEL OU LESQUELS FOURNISSENT DE L'ATP AUX MUSCLES?

- a) Le système cardiovasculaire.
- b) Le système endocrinien.
- c) Le système à oxygène.
- d) Le système ATP-CP.
- e) Le système sympathique.

6. DANS LEQUEL OU LESQUELS DES SYSTÈMES DE PRODUCTION D'ATP SUIVANTS LE MUSCLE SE CONTRACTE-T-IL SANS PRÉSENCE D'OXYGÈNE?

- a) Le système anaérobie.
- b) Le système aérobie.
- c) Le système anaérobie lactique.
- d) Le système aérobie alactique.
- e) Le système anaérobie alactique.

7. QUE SE PASSE-T-IL DANS LA CELLULE MUSCULAIRE QUAND UN EXERCICE INTENSE DURE PLUS DE 30 SECONDES?

- a) Il y a de plus en plus d'oxygène dans la cellule.
- b) Il y a de plus en plus d'acide lactique dans la cellule.
- c) Il y a de plus en plus de glycogène dans la cellule.
- d) Il y a de moins en moins de glucose dans la cellule.
- e) Il y a de plus en plus d'ATP disponible dans la cellule.

8. COMPLÉTEZ LES PHRASES SUIVANTES.

a) Le système ATP-CP représente la voie _anaérobie_ sans production d'acide _lactique_.

b) Pour éliminer l'acide lactique, il n'y a qu'une solution: _diminuer_ l'intensité de l'effort.

c) Lorsque l' _oxygène_ arrive à flots dans les cellules musculaires, une production d'ATP pratiquement _____ peut commencer.

9. ASSOCIEZ LES SYSTÈMES PRODUCTEURS D'ATP (LISTE DE GAUCHE) ET LES ACTIVITÉS PHYSIQUES (LISTE DE DROITE).

Systèmes	Activités
___ I. Système ATP-CP.	a) Marathon.
___ 2. Système à glycogène.	b) Départ au sprint.
___ 3. Système à oxygène.	c) Course de 400 mètres en natation.

méninges 8
à vos méninges

Remarque: Il peut y avoir plus d'une bonne réponse par question.

1. EN QUOI CONSISTE LA CONDITION PHYSIQUE?

○ **a)** C'est la capacité de courir le plus vite possible.

○ **b)** C'est la capacité de lever des charges lourdes sans se blesser.

○ **c)** C'est la capacité de faire des exercices aérobiques.

⊗ **d)** C'est la capacité de s'adapter à l'effort physique en général.

○ **e)** Aucune des réponses précédentes.

2. PARMI LES TESTS SUIVANTS, LEQUEL ÉVALUE LA FLEXIBILITÉ DES ÉPAULES?

○ **a)** Le test de la flexion du tronc en position assise.

○ **b)** Le test des mains dans le dos en position debout.

○ **c)** Le test des pompes.

○ **d)** Le test de la marche (step-test).

○ **e)** Aucune des réponses précédentes.

3. À QUOI LE Q-AAP SERT-IL?

○ **a)** À estimer notre espérance de vie en bonne santé.

○ **b)** À déterminer notre capacité vitale.

⊗ **c)** À déterminer notre aptitude à pratiquer l'activité physique.

○ **d)** À déterminer notre aptitude à faire un exercice en force.

○ **e)** À déterminer notre aptitude à faire un effort anaérobique.

4. COMBIEN DE QUESTIONS LE Q-AAP COMPORTE-T-IL?

○ **a)** Quatre.

○ **b)** Cinq.

○ **c)** Six.

⊗ **d)** Sept.

○ **e)** Huit.

5. DE QUOI LE NIVEAU DE CONSOMMATION MAXI-MALE D'OXYGÈNE (CMO$_2$) EST-IL UN INDICE?

○ **a)** De l'état de santé des artères du cœur.

○ **b)** De la capacité anaérobique.

○ **c)** De la capacité pulmonaire.

⊗ **d)** Du niveau d'endurance cardiovasculaire.

○ **e)** De la capacité à éliminer l'acide lactique.

6. POURQUOI EST-IL IMPORTANT D'ÉVALUER LES RÉSERVES DE GRAISSE ABDOMINALE?

○ **a)** Parce qu'on accumule plus facilement ce type de graisse.

○ **b)** Parce que la graisse abdominale est dangereuse pour la santé.

○ **c)** Parce que la graisse abdominale est difficile à éliminer.

⊗ **d)** Parce que la graisse abdominale favorise les maux de dos.

○ **e)** Aucune des réponses précédentes.

7. DE QUOI LE TEST DU POULS AU REPOS EST-IL UN INDICATEUR?

○ **a)** De la santé cardiovasculaire.

○ **b)** De l'état des artères.

○ **c)** De la vigueur physique.

⊗ **d)** De l'endurance cardiovasculaire.

○ **e)** Aucune des réponses précédentes.

8. NOMMEZ DEUX MESURES UTILISÉES POUR ESTIMER LES RÉSERVES DE GRAISSE.

• _____

• _____

9. NOMMEZ TROIS TESTS UTILISÉS POUR ÉVALUER L'ENDURANCE CARDIOVASCULAIRE.

• *test de marche et course de 12 min las 30 cooper*

• *test de natation de 12mm de cooper*

• *test progressif de course en navette de 20m*

10. NOMMEZ CINQ AVANTAGES D'AVOIR DES MUSCLES VIGOUREUX.

- _Amélioration de la posture et de l'équilibre_
- _Renforcement des os et des tendons_
- _Diminution des risques de blessures_
- _Performance accrue dans la pratique d'un sport_
- _Amélioration de la perception de sa propre image corporelle_

11. NOMMEZ LES SIX DÉTERMINANTS VARIABLES DE LA CONDITION PHYSIQUE.

- _Endurance cardiovasculaire_
- _Vigueur musculaire_
- _Flexibilité_
- _Capacité de se détendre_
- _Posture_
- _Réserves de graisse et leur distribution dans la masse corporelle._

12. ASSOCIEZ LES DÉFINITIONS (COLONNE DE GAUCHE) ET LES DÉTERMINANTS DE LA CONDITION PHYSIQUE (COLONNE DE DROITE).

Définitions	Déterminants
___ **1.** La capacité de faire bouger une articulation dans toute son amplitude sans ressentir de raideur ni de douleur.	**a)** L'endurance musculaire.
___ **2.** La capacité de développer une forte tension au moment d'une contraction maximale.	**b)** La flexibilité.
___ **3.** La capacité de fournir pendant un certain temps un effort modéré sollicitant l'ensemble des muscles.	**c)** La force musculaire.
___ **4.** La capacité de répéter ou de maintenir pendant un certain temps une contraction modérée.	**d)** L'endurance cardiovasculaire.

13. ASSOCIEZ LES TESTS (LISTE DE GAUCHE) ET LES DÉTERMINANTS DE LA CONDITION PHYSIQUE (LISTE DE DROITE).

Définitions	Déterminants
___ **1.** Le test du dynamomètre.	**a)** L'endurance musculaire.
___ **2.** Le physitest aérobie canadien modifié.	**b)** La flexibilité.
___ **3.** Le test des demi-redressements du tronc.	**c)** La force musculaire.
___ **4.** Le test de flexion du tronc en position assise.	**d)** L'endurance cardiovasculaire.

méninges 9
à vos méninges

Remarque: Il peut y avoir plus d'une bonne réponse par question.

1. LA COLONNE VERTÉBRALE DE L'ÊTRE HUMAIN N'EST PAS DROITE. QUELS SONT LES AVANTAGES DE SA DOUBLE COURBURE?

○ **a)** Il y a ainsi moins de pression sur chaque vertèbre.
○ **b)** La pression sur les vertèbres inférieures est beaucoup moins grande que si la colonne vertébrale était droite.
○ **c)** Cette forme en S diminue les risques de maux de dos.
○ **d)** Cette forme en S diminue les risques de scoliose.
○ **e)** Aucune des réponses précédentes.

2. PARMI LES GROUPES MUSCULAIRES SUIVANTS, LESQUELS SONT PRINCIPALEMENT ASSOCIÉS À LA LORDOSE?

○ **a)** Les muscles de la région des épaules.
○ **b)** Les muscles des avant-bras.
○ **c)** Les muscles abdominaux.
○ **d)** Les muscles fléchisseurs des hanches.
○ **e)** Les muscles de la région de la nuque.

3. QUELLE EST LA PRINCIPALE CAUSE DES MAUX DE DOS (ENVIRON 80% DES CAS)?

○ **a)** Des malformations congénitales.
○ **b)** Des accidents de travail ou de la route.
○ **c)** Des déséquilibres entre groupes musculaires.
○ **d)** Une force trop grande des muscles du bas du dos.
○ **e)** Un étirement trop grand des muscles ischio-jambiers.

4. QUE PEUT PROVOQUER LA LORDOSE?

○ **a)** Une cervicalgie.
○ **b)** Une lombalgie.
○ **c)** Un torticolis.
○ **d)** L'accentuation d'une asymétrie latérale.
○ **e)** Des maux de tête.

5. QU'EST-CE QU'UNE SCOLIOSE?

○ **a)** Une déviation frontale de la colonne vertébrale.
○ **b)** Une déviation latérale de la colonne vertébrale.
○ **c)** Une déviation axiale de la colonne vertébrale.
○ **d)** Une déviation avant-arrière de la colonne vertébrale.
○ **e)** Aucune des réponses précédentes.

6. QUELLE PRESSION PEUT S'EXERCER SUR LES DISQUES INTERVERTÉBRAUX DU BAS DU DOS QUAND ON SOULÈVE UN OBJET DE 10 KG DU SOL SANS PLIER LES GENOUX?

○ **a)** Jusqu'à 50 kg.
○ **b)** Jusqu'à 100 kg.
○ **c)** Jusqu'à 200 kg.
○ **d)** Jusqu'à 400 kg.
○ **e)** Jusqu'à 500 kg.

7. QUAND UNE HERNIE DISCALE SURVIENT-ELLE?

○ **a)** Lorsque deux vertèbres se touchent.
○ **b)** Lorsqu'une vertèbre glisse vers l'avant.
○ **c)** Lorsqu'un nerf situé le long de la colonne vertébrale se coince.
○ **d)** Lorsqu'une partie du noyau gélatineux du disque intervertébral sort par une fissure.
○ **e)** Aucune des réponses précédentes.

8. DANS QUELLE POSITION LA PRESSION SUR LES DISQUES INTERVERTÉBRAUX EST-ELLE LA PLUS FAIBLE?

○ **a)** En position assise.
○ **b)** En position assise et penchée vers l'avant.
○ **c)** En position couchée sur le ventre.
○ **d)** En position couchée sur le dos.
○ **e)** En position debout.

9. QUELS ÉLÉMENTS UNE BONNE CHAISE DOIT-ELLE AVOIR?

○ **a)** Des roulettes.
○ **b)** Un dossier droit.
○ **c)** Un siège moelleux.
○ **d)** Un support lombaire.
○ **e)** Toutes les réponses précédentes.

10. À QUEL PROBLÈME LA CYPHOSE EST-ELLE ASSOCIÉE?

○ **a)** À un creux prononcé dans le bas du dos.

○ **b)** À une déviation latérale de la colonne vertébrale.

○ **c)** À une courbure du haut du dos.

○ **d)** À un déséquilibre entre les muscles abdominaux et les muscles dorsaux.

○ **e)** Aucune des réponses précédentes.

11. QUELLE DISTANCE ENTRE LES YEUX ET L'ÉCRAN D'UN ORDINATEUR RÉDUIT AU MINIMUM LA FATIGUE OCULAIRE?

○ **a)** De 10 cm à 20 cm.

○ **b)** De 20 cm à 35 cm.

○ **c)** De 35 cm à 50 cm.

○ **d)** De 45 cm à 70 cm.

○ **e)** De 70 cm à 95 cm.

12. SI L'ON TRAVAILLE EN POSITION DEBOUT PENDANT DE LONGUES PÉRIODES, QU'EST-IL PRÉFÉRABLE DE FAIRE?

○ **a)** S'asseoir de temps en temps dans la mesure du possible.

○ **b)** Se tenir sur une jambe, puis sur l'autre, en alternance.

○ **c)** Poser les pieds en alternance sur un repose-pieds.

○ **d)** Effectuer de grands cercles avec les bras.

○ **e)** Aucune des réponses précédentes.

13. QU'EST-IL PRÉFÉRABLE DE FAIRE QUAND ON SOULÈVE UN OBJET LOURD POSÉ SUR LE SOL?

○ **a)** Garder les jambes et le dos bien droits.

○ **b)** Plier les bras.

○ **c)** Garder la tête haute.

○ **d)** Plier d'abord les genoux.

○ **e)** Aucune des réponses précédentes.

14. QUE SE PASSE-T-IL LORSQUE L'ON PORTE DES CHAUSSURES À TALONS HAUTS?

○ **a)** Le poids du corps est supporté en grande partie par l'arrière du pied.

○ **b)** Le poids du corps est supporté en grande partie par l'avant du pied.

○ **c)** Le poids du corps est également réparti entre l'avant et l'arrière du pied.

○ **d)** Le poids du corps est réparti de la même façon que si l'on portait des chaussures normales.

○ **e)** Aucune des réponses précédentes.

15. QUE PEUT PROVOQUER LE PORT DE CHAUSSURES À TALONS HAUTS?

○ **a)** Une cyphose.

○ **b)** Une scoliose.

○ **c)** Une lordose.

○ **d)** Un pivotement du bassin vers l'arrière.

○ **e)** Toutes les réponses précédentes.

16. NOMMEZ LES TROIS PRINCIPALES DÉVIATIONS POSSIBLES DE LA COLONNE VERTÉBRALE.

• _____

• _____

• _____

17. NOMMEZ TROIS COMPORTEMENTS LIÉS À LA PRATIQUE D'UN SPORT QUI PEUVENT ÊTRE DANGEREUX POUR LE DOS.

• _____

• _____

• _____

18. COMPLÉTEZ LES PHRASES SUIVANTES.

a) Une bonne posture permet de maintenir un alignement harmonieux du _____, de la _____ et du _____.

b) La lordose est probablement la _____ la plus _____.

c) La région lombaire est la région la plus _____ de la colonne vertébrale et elle supporte les deux tiers du _____ corporel. En fait, _____% des mouvements du tronc proviennent de cette région.

bilan 9

9.1 Votre posture debout et immobile

Le dos appuyé contre un mur, demandez à quelqu'un de mesurer, à l'aide d'une règle graduée en centimètres, votre creux lombaire (espace entre le mur et la partie la plus creuse de votre dos) et votre creux cervical (espace entre le mur et la partie la plus creuse de votre cou). Notez bien que l'arrière du crâne, la région des omoplates, les fesses et les talons doivent être en contact avec le mur.

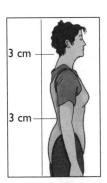

1. Bonne posture

Une bonne posture est associée à des creux lombaire et cervical de 3 cm à 5 cm de profondeur chacun.

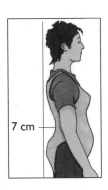

2. Lordose

Si la profondeur de votre creux lombaire est de 7 cm ou plus, vous souffrez d'une lordose. Plus le creux est prononcé, plus forte est la lordose. Dans ce cas, en plus d'appliquer les mesures préventives suggérées dans ce chapitre, vous devriez faire régulièrement des exercices destinés à réduire la lordose.

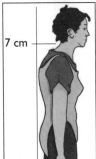

3. Cyphose

Si la profondeur de votre creux cervical est de 7 cm ou plus, vous souffrez d'une cyphose. Vos épaules sont probablement tombantes, votre tête projetée vers l'avant et votre dos, voûté. Un thérapeute spécialisé en soins du dos (physiothérapeute, chiropraticien, ostéopathe, physiatre, orthopédiste, praticien d'une méthode posturale) pourra vous suggérer une gymnastique corrective qui réduira la cyphose. Cette gymnastique pourrait même vous faire grandir de 1 cm à 3 cm en quelques mois...

4. Scoliose

En tenue légère ou nu, debout devant un miroir, vérifiez si vos épaules et vos hanches sont sensiblement à la même hauteur. Si ce n'est pas le cas, vous avez une scoliose. Lorsque les différences de hauteur sont minimes, la scoliose est légère et ne pose pas de problèmes particuliers. Par contre, si l'inégalité des épaules ou celle des hanches est frappante, un thérapeute spécialisé en soins du dos pourra vous suggérer des exercices asymétriques (destinés à étirer le côté court et à renforcer le côté long) pour atténuer la déviation latérale. En cas de scoliose importante, consultez un orthopédiste.

Debout et immobile

○ Ma posture est bonne.

○ J'ai probablement tendance à souffrir de lordose.

○ J'ai probablement tendance à souffrir de cyphose.

○ J'ai probablement une scoliose.

9.2 Vos postures dans la vie de tous les jours

Comment vous asseyez-vous pendant vos cours? Comment vous installez-vous pour étudier, pour regarder la télévision ou pour jouer à l'ordinateur? Comment vous y prenez-vous pour soulever un objet lourd posé sur le sol? Comment transportez-vous un tel objet? Comment transportez-vous votre sac à dos ou votre serviette? En faisant l'inventaire des comportements relatifs à vos postures, vous trouverez réponse à ces questions et à bien d'autres. Accordez-vous **cinq points** chaque fois que vous cochez la colonne *Toujours*, **trois points** pour la colonne *Parfois* et **aucun point** pour la colonne *Jamais*.

Situations	Toujours	Parfois	Jamais
1. Si j'ai mal dans le bas du dos, je pratique un ou plusieurs des exercices présentés aux pages 193 à 195 du manuel.			
2. Quand je soulève un objet lourd posé sur le sol, je plie d'abord les genoux.			
3. Quand j'utilise un sac à dos, je le porte dans le dos, une bretelle sur chaque épaule.			
4. Quand je conduis une auto, j'ajuste le siège et le volant afin d'être bien assis et d'avoir facilement accès aux pédales.			
5. Quand je dois me tenir debout et immobile pendant une longue période, pour soulager le bas de mon dos, je me tiens sur une jambe, puis sur l'autre, en alternance, ou bien je pose, en alternance aussi, les pieds sur un repose-pieds.			
6. Quand je transporte un objet, je le tiens près de mon corps et non pas éloigné de ce dernier.			
7. J'évite de porter des chaussures à talons très hauts, du moins pendant de longues périodes.			
8. Quand je pratique un sport ou une activité physique, j'essaie de bien me préparer sur le plan physique (chapitre 14).			
9. Si je fais de la musculation, je veille à protéger mon dos.			
10. Quand je travaille à l'ordinateur, je respecte, en général, la posture assise suggérée dans la figure 9.7 (p. 199 du manuel).			
11. Si j'ai mal au dos, je connais une bonne position pour bien dormir.			
12. Si je fais un travail rémunéré dangereux pour le dos, je prends les mesures nécessaires pour diminuer le niveau de risque.			
TOTAL			

Ce que votre résultat signifie...

45 points et plus. Le risque de blessures au dos, sauf en cas d'accident, est minime. Vous êtes, en fait, une personne qui prend un soin jaloux de son dos et qui s'en occupe au moindre signe.

Entre 30 points et 44 points. Le risque de blessures au dos ou de douleurs dorsales est réel. Une petite révision de certaines de vos postures pourrait profiter grandement à votre dos. Pensez, en particulier, aux postures que vous n'adoptez pratiquement jamais.

Moins de 30 points. Considérez-vous comme une personne à risque en ce qui a trait à la santé de votre dos. Posez-vous alors la question suivante: suis-je prêt à adopter de meilleures postures pour protéger mon dos? La réponse vous appartient.

méninges 10
à vos méninges

Remarque: Il peut y avoir plus d'une bonne réponse par question.

I. ASSOCIEZ LES DÉFINITIONS (LISTE DE GAUCHE) ET LES FAMILLES D'EXERCICES (LISTE DE DROITE).

Définitions	Familles d'exercices
c 1. Exercice d'intensité modérée qui sollicite les grandes masses musculaires et le système à oxygène.	**a)** Exercice pliométrique.
d 2. Exercice d'intensité élevée à très élevée qui sollicite les grandes masses musculaires et le système ATP-CP ou le système à glycogène.	**b)** Exercice d'étirement.
e 3. Lorsqu'on fait cet exercice, les fibres des muscles sollicités raccourcissent pendant l'effort.	**c)** Exercice aérobique.
f 4. Lorsqu'on fait cet exercice, les fibres des muscles sollicités allongent pendant l'effort.	**d)** Exercice anaérobique.
g 5. Lorsqu'on fait cet exercice, la contraction musculaire est statique, c'est-à-dire qu'elle n'entraîne aucun mouvement apparent.	**e)** Exercice dynamique concentrique.
b 6. Lorsqu'on fait cet exercice, il se produit un allongement graduel des muscles.	**f)** Exercice dynamique excentrique.
a 7. Lorsqu'on fait cet exercice, il se produit une détente qui déclenche une contraction excentrique suivie d'une contraction concentrique.	**g)** Exercice isométrique.

2. ASSOCIEZ LES PRINCIPES DE L'ENTRAÎNEMENT (LISTE DE GAUCHE) ET LES DÉFINITIONS (LISTE DE DROITE).

Principes de l'entraînement	Définitions
d 1. Surcharge.	**a)** Il faut augmenter le volume d'exercice petit à petit.
e 2. Spécificité.	**b)** On peut maintenir sa forme en faisant moins d'exercice.
a 3. Progression.	**c)** La réponse du corps à l'activité physique varie selon les individus.
c 4. Individualité.	**d)** Pour améliorer sa capacité d'adaptation à l'effort physique, il faut faire plus d'effort physique qu'à l'habitude.
b 5. Maintien.	**e)** L'adaptation du corps à une activité physique est spécifique à cette activité.

3. DANS LA LISTE CI-DESSOUS, DÉTERMINEZ LE OU LES ÉLÉMENTS QUI CONSTITUENT UN PRINCIPE DE L'ENTRAÎNEMENT.

○ **a)** Endurance cardiovasculaire.
○ **b)** Effort pliométrique.
⊗ **c)** Surcharge.
○ **d)** Pourcentage de graisse.
⊗ **e)** Progression.

4. DANS LA LISTE CI-DESSOUS, DÉTERMINEZ LES TROIS VARIABLES DU PRINCIPE DE SURCHARGE.

- ⊘ **a)** Fréquence.
- ○ **b)** Type d'exercice.
- ⊘ **c)** Durée.
- ⊘ **d)** Température ambiante.
- ⊘ **e)** Intensité.

5. SOIT LE PROGRAMME SUIVANT : 35 MINUTES D'EXERCICES AÉROBIQUES D'INTENSITÉ LÉGÈRE À MODÉRÉE, DE 4 À 5 FOIS PAR SEMAINE. QUEL DÉTERMINANT DE LA CONDITION PHYSIQUE CE PROGRAMME PERMET-IL D'AMÉLIORER ?

- ⊗ **a)** La force musculaire.
- ○ **b)** L'endurance musculaire.
- ○ **c)** La capacité anaérobique.
- ○ **d)** La posture.
- ○ **e)** Les réserves de graisse et leur distribution.

6. POUR PROFITER DES BIENFAITS DE L'EXERCICE SUR LA SANTÉ, COMBIEN DE CALORIES FAUT-IL DÉPENSER AU MINIMUM PAR SEMAINE ?

- ○ **a)** Au moins 500 calories.
- ⊗ **b)** Au moins 1 000 calories.
- ○ **c)** Au moins 1 500 calories.
- ○ **d)** Au moins 2 000 calories.
- ○ **e)** Au moins 2 500 calories.

7. TRENTE MINUTES D'ACTIVITÉ PHYSIQUE D'INTENSITÉ MODÉRÉE PAR JOUR ÉQUIVALENT À UNE DÉPENSE DE COMBIEN DE CALORIES ?

- ○ **a)** Environ 500 calories.
- ⊗ **b)** Environ 1 000 calories.
- ○ **c)** Environ 1 500 calories.
- ○ **d)** Environ 2 000 calories.
- ○ **e)** Environ 2 500 calories.

bilan 10

Le bilan de votre dépense énergétique hebdomadaire

Au cours de ce chapitre, vous avez vu comment tirer profit de la pratique régulière de l'activité physique et de ses retombées positives sur la santé : il faut dépenser au moins 1 000 calories par semaine, en plus de l'énergie associée à un mode de vie sédentaire. Toutefois, si vous voulez obtenir un effet plus marqué sur votre santé, il faut viser une dépense de 1 500 calories à 2 000 calories par semaine. Le but visé par ce bilan est de vous permettre d'estimer votre dépense énergétique au cours d'une semaine type. Les résultats seront révélateurs de votre niveau d'activité physique.

Marche à suivre

Avant tout, vous devez vous peser, car vous aurez besoin de votre poids pour établir votre dépense énergétique. Chaque jour, pendant une semaine, vous compilerez dans la fiche descriptive qui suit les calories que vous brûlez. Pour connaître la dépense énergétique des activités physiques que vous faites chaque jour, consultez l'annexe I du manuel ou utilisez le calculateur énergétique sur le Compagnon Web. Précisons que la dépense énergétique y est exprimée en équivalents métaboliques ou METS (de l'anglais, *metabolic equivalent*). Un METS équivaut à une dépense de 1 000 Cal/kg/h, ce qui correspond à la dépense énergétique au repos. Par conséquent, si vous pratiquez une activité de 10 METS, cela signifie que vous brûlez 10 fois plus d'énergie qu'au repos. À la fin de la semaine, vous ferez le total général des calories brûlées.

Fiche descriptive de la dépense énergétique hebdomadaire

Pour remplir la fiche, procédez comme suit :

Colonne 1 :   multipliez la valeur en METS de l'activité pratiquée par votre poids en kilos ;

Colonne 2 :   divisez ensuite le résultat par 60 minutes (dépense énergétique par minute) ;

Colonne 3 :   indiquez la durée (durée minimale de 10 minutes) pendant laquelle vous avez pratiqué l'activité en question ;

Colonne 4 :   multipliez le résultat de la colonne 2 par celui de la colonne 3 et vous obtiendrez votre dépense énergétique totale pour cette activité ;

Colonne 5 :   additionnez les dépenses énergétiques calculées dans la colonne 4 et vous obtiendrez votre dépense énergétique quotidienne.

Votre poids : _____ kg

© ÉDITIONS DU RENOUVEAU PÉDAGOGIQUE INC.

Activités	(1) Activité × poids	(2) Colonne 1 ÷ 60 min	(3) Durée (min)	(4) Colonne 2 × colonne 3	(5) Somme des résultats de la colonne 4
LUNDI					
Matin:					
1. _____	_____	_____	_____	_____	
2. _____	_____	_____	_____	_____	
Après-midi:					
1. _____	_____	_____	_____	_____	
2. _____	_____	_____	_____	_____	
Soir:					
1. _____	_____	_____	_____	_____	
2. _____	_____	_____	_____	_____	**_____**
MARDI					
Matin:					
1. _____	_____	_____	_____	_____	
2. _____	_____	_____	_____	_____	
Après-midi:					
1. _____	_____	_____	_____	_____	
2. _____	_____	_____	_____	_____	
Soir:					
1. _____	_____	_____	_____	_____	
2. _____	_____	_____	_____	_____	**_____**
MERCREDI					
Matin:					
1. _____	_____	_____	_____	_____	
2. _____	_____	_____	_____	_____	
Après-midi:					
1. _____	_____	_____	_____	_____	
2. _____	_____	_____	_____	_____	
Soir:					
1. _____	_____	_____	_____	_____	
2. _____	_____	_____	_____	_____	**_____**

Activités	(1) Activité × poids	(2) Colonne 1 ÷ 60 min	(3) Durée (min)	(4) Colonne 2 × colonne 3	(5) Somme des résultats de la colonne 4
JEUDI					
Matin :					
1. _____	_____	_____	_____	_____	
2. _____	_____	_____	_____	_____	
Après-midi :					
1. _____	_____	_____	_____	_____	
2. _____	_____	_____	_____	_____	
Soir :					
1. _____	_____	_____	_____	_____	
2. _____	_____	_____	_____	_____	**_____**
VENDREDI					
Matin :					
1. _____	_____	_____	_____	_____	
2. _____	_____	_____	_____	_____	
Après-midi :					
1. _____	_____	_____	_____	_____	
2. _____	_____	_____	_____	_____	
Soir :					
1. _____	_____	_____	_____	_____	
2. _____	_____	_____	_____	_____	**_____**
SAMEDI					
Matin :					
1. _____	_____	_____	_____	_____	
2. _____	_____	_____	_____	_____	
Après-midi :					
1. _____	_____	_____	_____	_____	
2. _____	_____	_____	_____	_____	
Soir :					
1. _____	_____	_____	_____	_____	
2. _____	_____	_____	_____	_____	**_____**

Activités	(1) Activité × poids	(2) Colonne 1 ÷ 60 min	(3) Durée (min)	(4) Colonne 2 × colonne 3	(5) Somme des résultats de la colonne 4
DIMANCHE					
Matin :					
1. _____	_____	_____	_____	_____	
2. _____	_____	_____	_____	_____	
Après-midi :					
1. _____	_____	_____	_____	_____	
2. _____	_____	_____	_____	_____	
Soir :					
1. _____	_____	_____	_____	_____	
2. _____	_____	_____	_____	_____	_____
Dépense énergétique de la semaine (somme des résultats de la colonne 5) :					

Avez-vous atteint le but fixé ?

○ Oui

○ Non

Si non, expliquez pourquoi.

_____

_____

_____

_____

_____

_____

Que comptez-vous faire pour accroître votre dépense énergétique ?

_____

_____

_____

_____

_____

méninges II
à vos méninges

Remarque: Il peut y avoir plus d'une bonne réponse par question.

1. PARMI LES ACTIVITÉS PHYSIQUES SUIVANTES, LAQUELLE OU LESQUELLES S'APPLIQUENT AU PRINCIPE DE LA SPÉCIFICITÉ QUAND ON VISE UNE AMÉLIORATION DE SON ENDURANCE CARDIOVASCULAIRE?

⊗ **a)** La musculation.

⊗ **b)** Le ski alpin.

○ **c)** Les exercices exécutés à l'aide d'un gros ballon.

⊗ **d)** Les exercices aérobiques.

⊗ **e)** Les exercices anaérobiques.

2. POUR AMÉLIORER SON ENDURANCE CARDIO-VASCULAIRE, QUELLE DOIT ÊTRE L'INTENSITÉ MINIMALE DE L'ACTIVITÉ PRATIQUÉE?

○ **a)** Très faible.

○ **b)** Faible.

⊗ **c)** Modérée.

○ **d)** Élevée.

○ **e)** Très élevée.

3. POUR DIMINUER SES RÉSERVES DE GRAISSE, COMBIEN DE FOIS PAR SEMAINE, IDÉALEMENT, EST-IL PRÉFÉRABLE DE FAIRE DE L'EXERCICE?

⊗ **a)** Deux fois.

⊗ **b)** Trois fois.

○ **c)** Quatre fois.

○ **d)** Cinq fois.

○ **e)** Tous les jours.

4. QUE FAUT-IL FAIRE POUR MAINTENIR LE NIVEAU D'ENDURANCE CARDIOVASCULAIRE ACQUIS?

○ **a)** Diminuer l'intensité de l'effort, mais pas la fréquence ni la durée des séances.

○ **b)** Diminuer l'intensité de l'effort et la fréquence, mais pas la durée des séances.

○ **c)** Diminuer l'intensité et la durée de l'effort, mais pas la fréquence des séances.

⊗ **d)** Diminuer la fréquence et la durée des séances, mais pas l'intensité de l'effort.

○ **e)** Toutes les réponses précédentes.

5. QUELLE EST L'INTENSITÉ DE L'EFFORT ADÉQUATE (EXPRIMÉE EN POURCENTAGE DE LA CONSOMMA-TION MAXIMALE D'OXYGÈNE) POUR AMÉLIORER SON ENDURANCE CARDIOVASCULAIRE?

○ **a)** De 30% à 65%.

○ **b)** De 40% à 75%.

⊗ **c)** De 50% à 85%.

○ **d)** De 60% à 95%.

○ **e)** Aucune des réponses précédentes.

6. PARMI LES MÉTHODES SUIVANTES, LAQUELLE PEUT-ON UTILISER POUR DÉTERMINER UNE ZONE D'EFFORT AÉROBIQUE QUI SOIT EFFICACE ET SANS DANGER?

⊗ **a)** Élever la fréquence de ses pulsations jusqu'à sa plage de fréquence cardiaque cible (FCC).

○ **b)** Élever la fréquence de ses pulsations jusqu'à ce qu'elle atteigne 35 battements de plus que sa fréquence cardiaque au repos.

○ **c)** Prendre son pouls avant et après l'effort.

○ **d)** Prendre son pouls pendant l'effort.

○ **e)** Toutes les réponses précédentes.

7. QU'UTILISE-T-ON COMME SOURCE D'ÉNERGIE À MESURE QU'ON AUGMENTE L'INTENSITÉ DE L'EXERCICE AÉROBIQUE?

○ **a)** Les graisses.

○ **b)** Les glucides.

○ **c)** Les protéines.

○ **d)** Les graisses et les sucres.

⊗ **e)** Les protéines et les lipides.

8. COMPLÉTEZ LES PHRASES SUIVANTES.

a) L'objectif choisi doit vous garantir un

_____ concret dans un délai

_____ .

b) L'exercice _____ et l'exercice prolongé
font davantage appel aux _____ qu'aux
glucides comme carburant.

c) La dépense énergétique de l'exercice est

_____ .

d) Les éléments clés à inclure dans votre préparation
physique et mentale à l'exercice sont les suivants :

• s'échauffer avant de _____lancer_____ le moteur;

• terminer sa séance par un _____retour_____ au
_____calme_____ ;

• porter des _____chaussures_____ de sport et des
vêtements adéquats;

• avoir une connaissance de base de la
_____prévention_____ et du traitement des blessures et
des malaises liés à la pratique de l'activité physique;

• savoir quand et _____quoi_____ manger au fur et
à mesure que l'on devient physiquement plus actif;
savoir comment éviter la _____déshydratation_____

• savoir adapter sa pratique de l'activité physique à
son _____état_____ de _____santé_____ ;

• connaître et appliquer les conseils de base pour
garder sa _____motivation_____

bilan 11

11.1 Votre programme personnel d'endurance cardiovasculaire

En fonction des besoins déterminés grâce à l'évaluation de votre endurance cardiovasculaire, remplissez, s'il y a lieu, le tableau qui suit.

Résultat de l'évaluation de mon endurance cardiovasculaire :

Cote* : _____

Besoin à combler :

○ Oui   ○ Non

Mon objectif : _____

Conception de mon programme	Conditions de réalisation de l'activité choisie
J'applique les principes suivants de l'entraînement.	Date du début : _____
La spécificité : _____	Date de la fin : _____
La surcharge : _____	Où : _____
a) Intensité (FCC ou EPE)** : _____	Quand : _____
b) Durée : _____	Avec qui : _____
c) Fréquence : _____	
La progression : voir la fiche 1 (p. 61).	
Le maintien : _____	

Pour évaluer votre constance dans la réalisation de votre programme, reportez-vous à la fiche 2 (p. 63).

* Indiquez : très élevée, élevée, moyenne, faible ou très faible.
** Si vous nagez, retranchez 10 % à la FCC calculée.

11.2 Votre programme personnel de réduction de vos réserves de graisse

En fonction des besoins déterminés grâce à l'évaluation de vos réserves de graisse et de leur distribution, remplissez, s'il y a lieu, le tableau qui suit.

Résultats de l'évaluation de mes réserves de graisse et de leur distribution :

Plis cutanés : _____ %   Tour de taille : _____ cm

IMC : _____   RTH : _____

Besoin à combler :

○ Oui   ○ Non

Mon objectif : _____

Conception de mon programme	Conditions de réalisation de l'activité choisie
J'applique les principes suivants de l'entraînement.	Date du début : _____
La spécificité : _____	Date de la fin : _____
La surcharge : _____	Où : _____
a) Intensité : _____	Quand : _____
b) Durée : _____	Avec qui : _____
c) Fréquence : _____	
La progression : voir la fiche 1 (p. 61).	
Le maintien : _____	

Pour évaluer votre constance dans la réalisation de votre programme, reportez-vous à la fiche 2 (p. 63).

FICHE 1 — Votre progression dans l'effort

Décrivez la progression dans l'effort que vous entendez suivre dans le cadre de votre programme personnel de mise en forme. Pour ce faire, remplissez les cases du tableau ci-dessous avec vos propres données.

Semaine	Durée de l'effort par séance (min)	Intensité de l'effort (FCC ou EPE)	Nombre de séances par semaine
1			
2			
3			
4			
5			
6			

Réflexion personnelle

La progression que vous avez établie vous a-t-elle permis de passer en douceur à un niveau d'activité physique plus élevé? Précisez votre réponse.

_____

_____

_____

_____

_____

_____

_____

_____

FICHE 2 — L'évaluation de votre constance

Au fur et à mesure du déroulement de votre programme, cochez la case appropriée chaque fois que vous effectuez une séance d'activité physique qui correspond à ce que vous avez planifié dans le bilan 11.1 ou le bilan 11.2.

Semaine 1							Commentaires
L	M	M	J	V	S	D	

Semaine 2							Commentaires
L	M	M	J	V	S	D	

Semaine 3							Commentaires
L	M	M	J	V	S	D	

Semaine 4							Commentaires
L	M	M	J	V	S	D	

Semaine 5							Commentaires
L	M	M	J	V	S	D	

Semaine 6							Commentaires
L	M	M	J	V	S	D	

Réflexion personnelle

Que concluez-vous à propos de votre persévérance dans l'effort ?

_____

_____

_____

_____

_____

_____

_____

Réflexion personnelle

sur votre programme personnel d'activité physique (PPAP)

Avez-vous atteint votre(vos) objectif(s) ?

◯ Oui   ◯ Non

Si oui, quels changements sur le plan physique et mental avez-vous observé entre le début et la fin de votre PPAP ?

Sur le plan physique :

_____

_____

_____

_____

_____

_____

Sur le plan mental :

_____

_____

_____

_____

_____

_____

Si vous n'avez pas atteint votre(vos) objectif(s), peut-être avez-vous rencontré des problèmes particuliers, à moins que vous n'ayez perdu votre motivation en cours de route. Précisez votre réponse.

_____

_____

_____

_____

_____

_____

méninges 12
à vos méninges

Remarque : Il peut y avoir plus d'une bonne réponse par question.

1. NOMMEZ TROIS FAÇONS D'ÉTIRER UN MUSCLE.

- _____

- _____

- _____

2. NOMMEZ TROIS MÉTHODES D'ENTRAÎNEMENT QUI DÉVELOPPENT LA VIGUEUR MUSCULAIRE.

- _____

- _____

- _____

3. PARMI LES ÉNONCÉS SUIVANTS, LEQUEL OU LESQUELS CONSTITUENT LES PRINCIPAUX INCONVÉNIENTS DES ÉTIREMENTS BALISTIQUES ?

- ○ **a)** Ils n'imitent pas suffisamment le geste pratiqué.
- ○ **b)** Ils augmentent le risque de blessure.
- ○ **c)** Leur pratique exige beaucoup de temps.
- ○ **d)** Ils sont trop spécifiques au geste pratiqué.
- ○ **e)** Aucune des réponses précédentes.

4. QUELLE EST LA DURÉE IDÉALE D'UN ÉTIREMENT STATIQUE ?

- ○ **a)** Entre 10 secondes et 15 secondes.
- ○ **b)** Moins de 5 secondes.
- ○ **c)** Entre 15 et 30 secondes.
- ○ **d)** Entre 35 et 45 secondes.
- ○ **e)** Entre 5 et 15 secondes.

5. COMMENT PEUT-ON RENFORCER UN MUSCLE ?

- ○ **a)** À l'aide d'un programme d'exercices d'étirement.
- ○ **b)** À l'aide d'un programme d'exercices aérobiques.
- ○ **c)** À l'aide d'un programme d'exercices isométriques.
- ○ **d)** À l'aide d'un programme d'exercices avec poids libres.
- ○ **e)** À l'aide d'un programme d'exercices FNP.

6. QUELLE(S) FORME(S) DE RÉSISTANCE PEUT-ON OPPOSER À UN MUSCLE POUR LE RENDRE PLUS VIGOUREUX ?

- ○ **a)** Une partie du corps.
- ○ **b)** Le corps lui-même.
- ○ **c)** L'apesanteur.
- ○ **d)** Une bande élastique.
- ○ **e)** Un poids libre.

7. PARMI LES ÉNONCÉS SUIVANTS, LEQUEL EST VRAI ?

- ○ **a)** L'exercice isotonique ne déplace pas la résistance.
- ○ **b)** L'exercice isométrique n'améliore pas la force du muscle.
- ○ **c)** L'exercice isotonique est exécuté à une vitesse constante.
- ○ **d)** L'exercice isométrique déplace la résistance.
- ○ **e)** L'exercice isocinétique est exécuté à une vitesse constante.

8. QUELLE EST LA MÉTHODE DE DÉVELOPPEMENT MUSCULAIRE LA PLUS RÉPANDUE DANS LES CÉGEPS ?

- ○ **a)** La méthode à base d'exercices isométriques.
- ○ **b)** La méthode à base d'exercices pliométriques.
- ○ **c)** La méthode à base d'étirements FNP.
- ○ **d)** La méthode par électrostimulation du muscle.
- ○ **e)** La méthode à base d'exercices isotoniques ou dynamiques.

9. QU'EST-CE QUE LE 1 RM ?

- ○ **a)** Un poids que l'on déplace au moins une fois.
- ○ **b)** Un poids que l'on déplace alors que le muscle est en contraction excentrique.
- ○ **c)** Un poids tellement lourd que l'on ne peut pas le déplacer.
- ○ **d)** Le poids le plus lourd que l'on peut déplacer une fois.
- ○ **e)** Aucune des réponses précédentes.

10. COMBIEN DE RM DOIT-ON FAIRE IDÉALEMENT PAR SÉRIE POUR DÉVELOPPER L'ENDURANCE MUSCULAIRE À L'AIDE DE POIDS LIBRES?

○ **a)** De 1 à 5.
○ **b)** De 7 à 12.
○ **c)** De 5 à 10.
○ **d)** De 10 à 15.
○ **e)** De 13 à 25.

11. COMBIEN DE RM DOIT-ON FAIRE IDÉALEMENT PAR SÉRIE POUR DÉVELOPPER SA FORCE MUSCULAIRE?

○ **a)** De 8 à 12.
○ **b)** De 12 à 16.
○ **c)** De 16 à 20.
○ **d)** De 20 à 24.
○ **e)** De 26 à 30.

12. EN MUSCULATION, COMMENT EST-IL SOUHAITABLE DE FAIRE LE MOUVEMENT ALLER-RETOUR?

○ **a)** Le plus rapidement possible.
○ **b)** Rapidement.
○ **c)** Lent à l'aller, rapide au retour.
○ **d)** Lentement.
○ **e)** La vitesse d'exécution n'a pas d'importance.

13. PAR QUELS EXERCICES DEVRAIT-ON COMMENCER UNE SÉANCE DE MUSCULATION?

○ **a)** Les exercices qui sollicitent les petits muscles.
○ **b)** Les exercices qui sollicitent les muscles du dos.
○ **c)** Les exercices qui sollicitent une seule articulation.
○ **d)** Les exercices qui sollicitent les grands muscles.
○ **e)** Aucune des réponses précédentes.

14. NOMMEZ L'APPAREIL QUI PERMET D'AMÉLIORER LA VIGUEUR D'UN MUSCLE AU MOYEN D'IMPULSIONS ÉLECTRIQUES?

_____

bilan 12

12.1 Votre programme personnel de force musculaire

En fonction des besoins déterminés grâce à l'évaluation de votre force musculaire (p. 43), remplissez, s'il y a lieu, le tableau ci-dessous. Ensuite, à l'aide des fiches des pages 73 à 79, déterminez les exercices choisis pour atteindre votre ou vos objectifs, puis établissez votre progression et votre constance dans l'effort.

Résultats de l'évaluation de ma force musculaire :

Force de préhension : _____ Cote : _____ Besoin à combler : ○ Non ○ Oui

Force des bras : _____ Cote : _____ Besoin à combler : ○ Non ○ Oui

Force des jambes : _____ Cote : _____ Besoin à combler : ○ Non ○ Oui

Mon ou mes objectifs : 1. _____

2. _____

Conception de mon programme
J'applique les principes suivants de l'entraînement.
La spécificité :   Exercices dynamiques à l'aide de charges : ○   Exercices isométriques : ○
Exercices retenus : voir la fiche 1 (p. 73).
La surcharge :
a) *L'intensité :*   RM : _____   Série(s) : _____
b) *La durée* totale approximative d'une séance : _____ minutes.
c) *La fréquence :* _____ fois par semaine.
La progression : voir les fiches 2 et 3 (p. 75 et 77).
Le maintien : _____
Conditions de réalisation
Date du début : _____   Date de la fin : _____
Où : _____   Quand : _____
Avec qui : _____

12.2 Votre programme personnel d'endurance musculaire

En fonction des besoins déterminés grâce à l'évaluation de votre endurance musculaire (p. 43), remplissez, s'il y a lieu, le tableau ci-dessous. Ensuite, à l'aide des fiches des pages 73 à 79, déterminez les exercices choisis pour atteindre votre ou vos objectifs, puis établissez votre progression et votre constance dans l'effort.

Résultats de l'évaluation de mon endurance musculaire :

Endurance des abdominaux : _____ Cote : _____ Besoin à combler : ◯ Non ◯ Oui

Endurance du haut du corps : _____ Cote : _____ Besoin à combler : ◯ Non ◯ Oui

Mon ou mes objectifs : 1. _____

2. _____

Conception de mon programme

J'applique les principes suivants de l'entraînement.

La spécificité : Exercices dynamiques à l'aide de charges : ◯   Exercices dynamiques à mains libres : ◯

Exercices retenus : voir la fiche 1 (p. 73).

La surcharge :

a) *L'intensité :* RM : _____ Série(s) : _____

Ou nombre de répétitions pour chaque exercice : _____

b) *La durée* totale approximative d'une séance : _____ minutes.

c) *La fréquence :* _____ fois par semaine.

La progression : voir les fiches 2 et 3 (p. 75 et 77).

Le maintien : _____

Conditions de réalisation

Date du début : _____ Date de la fin : _____

Où : _____ Quand : _____

Avec qui : _____

bilan 12 (suite)

12.3 Votre programme personnel de flexibilité

En fonction des besoins déterminés grâce à l'évaluation de votre flexibilité (p. 43), remplissez, s'il y a lieu, le tableau ci-dessous. Ensuite, à l'aide des fiches des pages 73 à 79, déterminez les exercices choisis pour atteindre votre ou vos objectifs, puis établissez votre progression et votre constance dans l'effort.

Résultats de l'évaluation de ma flexibilité :

Flexibilité des épaules (test 1) : _____ Cote : _____   Besoin à combler : ◯ Non   ◯ Oui

Flexibilité des épaules (test 2) : _____ Cote : _____   Besoin à combler : ◯ Non   ◯ Oui

Flexibilité du bas du dos
et des ischio-jambiers : _____ Cote : _____   Besoin à combler : ◯ Non   ◯ Oui

Mon ou mes objectifs : 1. _____

2. _____

Conception de mon programme

J'applique les principes suivants de l'entraînement.

La spécificité :   Exercices d'étirement statiques : ◯   Autre type d'exercice : _____

Exercices retenus : voir la fiche 1 (p. 73).

La surcharge :

a) *L'intensité :*   Maintien du seuil d'étirement : _____ secondes.

Ou nombre de répétitions pour chaque exercice : _____

b) *La durée* totale approximative d'une séance : _____ minutes.

c) *La fréquence :* _____ fois par semaine.

La progression : voir les fiches 2 et 3 (p. 75 et 77).

Le maintien : _____

Conditions de réalisation

Date du début : _____   Date de la fin : _____

Où : _____   Quand : _____

Avec qui : _____

FICHE **1**   Les exercices choisis

À l'aide de ce tableau, indiquez les exercices que vous choisissez pour atteindre votre ou vos objectifs.

Exercices retenus*	Muscles sollicités**	Type d'exercices (cochez)				
		Exercices à l'aide de poids	Exercices à l'aide de bandes élastiques ou d'un gros ballon	Exercices isométriques	Exercices d'étirements statiques	Autre type d'exercices
1.						
2.						
3.						
4.						
5.						
6.						
7.						
8.						
9.						
10.						
11.						
12.						
13.						
14.						
15.						
16.						
17.						
18.						
19.						
20.						

* Si vous choisissez vos exercices dans le répertoire du chapitre 12 (p. 270-299 du manuel), vous pouvez simplement utiliser leur numérotation.
** Utilisez la numérotation des muscles donnée dans les planches anatomiques (p. 268-269 du manuel). Là encore, si vous choisissez vos exercices dans le répertoire du chapitre 12 du manuel, vous pouvez vous simplifier la tâche en reprenant la numérotation des muscles donnée au début de chaque description d'exercice.

FICHE **2** | Votre progression dans l'effort pour les exercices avec levée de poids

Exercices (n°)		Date											Contrôle/ remarques
		1	2	3	4	5	6	7	8	9	10	11	
	Poids												
	RM/S*												
	Poids												
	RM/S*												
	Poids												
	RM/S*												
	Poids												
	RM/S*												
	Poids												
	RM/S*												
	Poids												
	RM/S*												
	Poids												
	RM/S*												
	Poids												
	RM/S*												
	Poids												
	RM/S*												
	Poids												
	RM/S*												
	Poids												
	RM/S*												

* RM = répétitions maximales; S = série.

Exercices (n°)		Date											Contrôle/ remarques
		12	13	14	15	16	17	18	19	20	21	22	
	Poids												
	RM/S*												
	Poids												
	RM/S*												
	Poids												
	RM/S*												
	Poids												
	RM/S*												
	Poids												
	RM/S*												
	Poids												
	RM/S*												
	Poids												
	RM/S*												
	Poids												
	RM/S*												
	Poids												
	RM/S*												
	Poids												
	RM/S*												
	Poids												
	RM/S*												
	Poids												
	RM/S*												

* RM = répétitions maximales; S = série.

FICHE 3

Votre progression dans l'effort pour les exercices
à mains libres et les exercices d'étirement

Exercices (n°)		Date											Contrôle/ remarques
		1	2	3	4	5	6	7	8	9	10	11	
	Durée*												
	Rép.**												
	Durée*												
	Rép.**												
	Durée*												
	Rép.**												
	Durée*												
	Rép.**												
	Durée*												
	Rép.**												
	Durée*												
	Rép.**												
	Durée*												
	Rép.**												
	Durée*												
	Rép.**												
	Durée*												
	Rép.**												
	Durée*												
	Rép.**												

* Durée (en secondes) de l'exercice. ** Nombre de répétitions de l'exercice.

Exercices (nº)		Date											Contrôle/ remarques
		12	13	14	15	16	17	18	19	20	21	22	
	Durée*												
	Rép.**												
	Durée*												
	Rép.**												
	Durée*												
	Rép.**												
	Durée*												
	Rép.**												
	Durée*												
	Rép.**												
	Durée*												
	Rép.**												
	Durée*												
	Rép.**												
	Durée*												
	Rép.**												
	Durée*												
	Rép.**												
	Durée*												
	Rép.**												

* Durée (en secondes) de l'exercice. ** Nombre de répétitions de l'exercice.

FICHE 4 — L'évaluation de votre constance

Au fur et à mesure du déroulement de votre programme, cochez la case appropriée chaque fois que vous effectuez une séance d'activité physique qui correspond à ce que vous avez planifié dans les bilans 12.1, 12.2 et 12.3.

Semaine 1							Commentaires
L	M	M	J	V	S	D	

Semaine 2							Commentaires
L	M	M	J	V	S	D	

Semaine 3							Commentaires
L	M	M	J	V	S	D	

Semaine 4							Commentaires
L	M	M	J	V	S	D	

Semaine 5							Commentaires
L	M	M	J	V	S	D	

Semaine 6							Commentaires
L	M	M	J	V	S	D	

Réflexion personnelle

Que concluez-vous à propos de votre persévérance dans l'effort?

_____

_____

_____

_____

_____

_____

_____

_____

Réflexion personnelle

sur votre programme personnel d'activité physique (PPAP)

Avez-vous atteint votre(vos) objectif(s) ?

◯ Oui   ◯ Non

Si oui, quels changements sur le plan physique et mental avez-vous observé entre le début et la fin de votre PPAP ?

Sur le plan physique :

_____

_____

_____

_____

_____

_____

_____

Sur le plan mental :

_____

_____

_____

_____

_____

_____

_____

Si vous n'avez pas atteint votre(vos) objectif(s), peut-être avez-vous rencontré des problèmes particuliers, à moins que vous n'ayez perdu votre motivation en cours de route. Précisez votre réponse.

_____

_____

_____

_____

_____

_____

_____

méninges 13
à vos méninges

Remarque: Il peut y avoir plus d'une bonne réponse par question.

1. PARMI LES CRITÈRES SUIVANTS, LESQUELS CONCERNENT LE CHOIX D'UNE ACTIVITÉ PHYSIQUE?

- **a)** Ses besoins.
- **b)** Ses capacités.
- **c)** Sa condition physique.
- **d)** Son hérédité.
- **e)** Ses réserves d'ATP.

2. PARMI LES RAISONS SUIVANTES, LESQUELLES PEUVENT VOUS POUSSER À PRATIQUER UNE ACTIVITÉ PHYSIQUE?

- **a)** Améliorer son endurance cardiovasculaire.
- **b)** N'avoir aucune restriction médicale.
- **c)** Chercher des sensations fortes.
- **d)** Améliorer sa flexibilité.
- **e)** Aucune des réponses précédentes.

3. PARMI LES CRITÈRES SUIVANTS, LESQUELS PEUVENT VOUS AIDER À CHOISIR LE BON CENTRE DE SANTÉ?

- **a)** Un personnel compétent.
- **b)** La distance par rapport à votre lieu de départ.
- **c)** L'année de construction du centre.
- **d)** La présence de baignoires à remous.
- **e)** Aucune des réponses précédentes.

4. QUELS ÉLÉMENTS DEVRAIENT FIGURER SUR LE BOÎTIER D'UNE VIDÉOCASSETTE D'EXERCICE?

- **a)** Le niveau du programme: débutant, intermédiaire ou avancé.
- **b)** Une mise en garde concernant l'aptitude à faire certains exercices.
- **c)** Les objectifs visés par le programme.
- **d)** Les éléments du programme et leur durée.
- **e)** Toutes les réponses précédentes.

5. SI VOUS NE DISPOSEZ QUE DE 20 MINUTES, LAQUELLE OU LESQUELLES DES ACTIVITÉS SUIVANTES POUVEZ-VOUS PRATIQUER?

- **a)** Le golf.
- **b)** Le saut à la corde.
- **c)** Le jogging.
- **d)** Le ski de fond.
- **e)** Le canotage.

6. COMPLÉTEZ LES PHRASES SUIVANTES.

- **a)** En choisissant un centre d'activité physique situé à moins de _____ minutes de votre point de départ, vous augmentez vos chances de _____.

- **b)** Dans le choix d'un centre d'activité physique, il faut se demander s'il y a un _____ sur place pour donner des conseils sur l'utilisation des divers appareils de mise en forme.

- **c)** Dans un centre d'activité physique, une forte odeur de _____ indique une mauvaise ventilation.

méninges 14
à vos méninges

Remarque: Il peut y avoir plus d'une bonne réponse par question.

1. IL EST RECOMMANDÉ D'APPLIQUER LE « PRINCIPE DES PELURES D'OIGNON » QUAND ON PRATIQUE UNE ACTIVITÉ PHYSIQUE PAR TEMPS FROID. QU'EST-CE QUE CELA SIGNIFIE?

- **a)** Porter des vêtements qui protègent bien du vent.
- **b)** Porter un parka bien matelassé.
- **c)** Porter plusieurs couches de vêtements minces qui enferment l'air et procurent une bonne isolation.
- **d)** Porter plusieurs couches de vêtements épais et chauds qui procurent une bonne isolation.
- **e)** Aucune des réponses précédentes.

2. PARMI LES RAISONS SUIVANTES, LAQUELLE OU LESQUELLES JUSTIFIENT L'ÉCHAUFFEMENT QUI PRÉCÈDE LA PRATIQUE D'UNE ACTIVITÉ PHYSIQUE?

- **a)** L'augmentation graduelle du rythme cardiaque au cours de l'échauffement prépare le cœur à faire face à des efforts plus soutenus.
- **b)** L'échauffement stimule le système parasympathique, ce qui favorise une meilleure performance.
- **c)** L'échauffement élève la température du corps, ce qui accroît l'efficacité des réactions chimiques dans les cellules musculaires.
- **d)** Les influx nerveux se propagent plus rapidement lorsque la température du tissu musculaire s'élève quelque peu.
- **e)** La chaleur engendrée par l'échauffement diminue la résistance du tissu conjonctif et musculaire, ce qui favorise l'amplitude articulaire et l'élongation du muscle.

3. QU'EST-CE QU'UN COUP DE CHALEUR?

- **a)** Une fatigue musculaire généralisée.
- **b)** Une transpiration excessive.
- **c)** Le résultat d'un coup de soleil grave.
- **d)** Le dérèglement complet du système qui contrôle la température du corps.
- **e)** Aucune des réponses précédentes.

4. À QUEL MOMENT DE LA JOURNÉE LES RAYONS ULTRAVIOLETS SONT-ILS LES PLUS FORTS?

- **a)** Entre 9 h et 11 h.
- **b)** Entre 15 h et 16 h.
- **c)** Entre 12 h et 13 h.
- **d)** Entre 11 h et 14 h.
- **e)** Entre 11 h et 12 h.

5. QUE FAIT-ON POUR APPLIQUER LA MÉTHODE DU CERF?

- **a)** On demande à la victime de s'allonger et de se reposer, puis on applique de la glace et une compresse sur la blessure.
- **b)** On applique de la chaleur et on élève le membre blessé au-dessus du niveau du cœur.
- **c)** On enveloppe d'abord le membre blessé pour exercer une légère compression, on élève ensuite le membre blessé et on demande à la victime de se reposer.
- **d)** On demande à la victime de s'allonger et de se reposer, on élève le membre blessé, on applique de la glace pendant quelques minutes et on enveloppe ensuite le membre blessé en exerçant une certaine pression.
- **e)** Aucune des réponses précédentes.

6. QUELS PHÉNOMÈNES PERMETTENT AU CORPS D'ÉVACUER LA CHALEUR PRODUITE PAR LES MUSCLES?

- **a)** L'élévation de la température du corps.
- **b)** L'évaporation de la sueur.
- **c)** La vasoconstriction des vaisseaux sanguins.
- **d)** La convection de l'air ambiant.
- **e)** L'élévation du pouls et de la pression artérielle.

7. À QUOI SERT LA PREMIÈRE COUCHE DE VÊTE-MENTS QUAND ON APPLIQUE LE PRINCIPE DES PELURES D'OIGNON?

- **a)** Garder le corps au sec en absorbant l'humidité produite par la transpiration.
- **b)** Couper le vent.
- **c)** Protéger du froid.
- **d)** Empêcher la transpiration.
- **e)** Aucune des réponses précédentes.

8. SELON LE PRINCIPE DES PELURES D'OIGNON, QUEL EST LE MEILLEUR CHOIX DE FIBRES POUR LES VÊTEMENTS DE LA TROISIÈME COUCHE?

- ◯ **a)** La laine polaire.
- ◯ **b)** Le polyester.
- ◯ **c)** Un mélange de coton et de polypropylène.
- ◯ **d)** Des fibres synthétiques entièrement imperméables.
- ◯ **e)** L'acrylique.

9. QUELLES SONT LES ZONES DU CORPS LES PLUS SENSIBLES AUX BASSES TEMPÉRATURES QUAND ON PRATIQUE UNE ACTIVITÉ PHYSIQUE?

- ◯ **a)** Le tronc, les mains et les pieds.
- ◯ **b)** La tête, les épaules et le tronc.
- ◯ **c)** Les pieds, les jambes et les cuisses.
- ◯ **d)** La tête, les mains et les pieds.
- ◯ **e)** La tête et le tronc.

10. SI VOUS PRATIQUEZ PLUSIEURS SPORTS INTÉRIEURS, QUEL EST LE MEILLEUR CHOIX DE CHAUSSURES?

- ◯ **a)** Des chaussures de jogging.
- ◯ **b)** Des chaussures multisports.
- ◯ **c)** Des chaussures à semelle antidérapante.
- ◯ **d)** Des chaussures à talon surélevé.
- ◯ **e)** Des chaussures à talon plat.

11. QUE DEVRAIT-ON FAIRE IMMÉDIATEMENT APRÈS UNE SÉANCE D'ACTIVITÉ PHYSIQUE?

- ◯ **a)** Boire de l'eau sucrée.
- ◯ **b)** Manger un «petit quelque chose».
- ◯ **c)** Procéder à un retour au calme de quelques minutes.
- ◯ **d)** Prendre une douche froide.
- ◯ **e)** Aucune des réponses précédentes.

12. PARMI LES BLESSURES SUIVANTES, LESQUELLES SONT LES PLUS FRÉQUENTES CHEZ LES PERSONNES PHYSIQUEMENT ACTIVES?

- ◯ **a)** Les ampoules, les fractures et les claquages musculaires.
- ◯ **b)** Les tendinites, les bursites et les fractures des côtes.
- ◯ **c)** Les bursites, les périostites et les ongles noirs.
- ◯ **d)** Les tendinites, les fasciites plantaires et les bursites.
- ◯ **e)** Aucune des réponses précédentes.

13. APRÈS COMBIEN DE MINUTES D'ACTIVITÉ PHYSIQUE MODÉRÉE DEVRAIT-ON CONSOMMER UNE BOISSON DE RÉCUPÉRATION QUI CONTIENT DU SUCRE?

- ◯ **a)** Environ 20 minutes.
- ◯ **b)** Environ 30 minutes.
- ◯ **c)** Environ 45 minutes.
- ◯ **d)** Environ 60 minutes.
- ◯ **e)** Environ 120 minutes.

14. POURQUOI UNE PERSONNE PHYSIQUEMENT TRÈS ACTIVE DEVRAIT-ELLE AUGMENTER SA CONSOMMATION DE GLUCIDES?

- ◯ **a)** Parce que l'exercice augmente le métabolisme.
- ◯ **b)** Parce que les glucides sont la principale source d'énergie des muscles.
- ◯ **c)** Parce que les glucides ont un index glycémique élevé.
- ◯ **d)** Parce qu'un apport supplémentaire en glucides accélère la remise à niveau des réserves de glycogène dans les muscles.
- ◯ **e)** Parce que les glucides éliminent la faim pendant l'effort.

15. COMPLÉTEZ LES PHRASES SUIVANTES.

a) Une bonne chaussure de sport doit être _____, durable et bien _____.

b) Pour éviter de commencer une séance d'exercice d'intensité modérée avec des réserves d'eau insuffisantes, il est recommandé de boire de _____ à _____ d'eau (soit l'équivalent de deux verres d'eau de format moyen), entre deux et trois heures avant le début de la séance.

c) Magasinez toujours l'achat de chaussures en fin _____, quand vos pieds sont légèrement _____.

d) À l'achat de chaussures, faites mesurer vos deux _____, puisqu'ils ne sont pas nécessairement de la même largeur.

bilan 14

Votre préparation physique et mentale

Ce chapitre porte sur les règles à suivre pour pratiquer une activité physique sans danger et de manière agréable. Appliquez-vous ces règles ? En faisant le bilan qui suit, vous répondrez à cette question en détail. Pour évaluer votre niveau de préparation physique et mentale, lisez d'abord chaque situation et cochez la colonne qui vous décrit le mieux. Accordez-vous des points comme suit : **deux points** chaque fois que vous cochez la colonne *Toujours* ; **un point**, la colonne *Parfois* ; **aucun point**, la colonne *Jamais*. Ensuite, faites le décompte et interprétez vos résultats.

J'observe la règle suivante :	Toujours	Parfois	Jamais
1. Pour vérifier si je suis apte à pratiquer l'activité physique, je réponds aux questions du Q-AAP (p. 152 du manuel) et je consulte un médecin si j'ai des doutes sur mon état de santé.			
2. Avant de me lancer dans un programme d'activité physique, je fais le point sur ma condition physique.			
3. Par temps chaud, je m'habille légèrement.			
4. Par temps froid, j'applique le principe des pelures d'oignon.			
5. S'il fait très chaud ou très froid, je prends les précautions qui s'imposent pour me protéger contre la déshydratation ou les engelures.			
6. Je prends le temps de bien choisir mes chaussures de sport.			
7. Si je m'entraîne 30 minutes et plus, je bois de l'eau régulièrement et en quantité suffisante.			
8. Quand je pratique une activité physique au soleil, je protège ma peau.			
9. En cas de blessure ou de douleur, je prends les mesures qui s'imposent.			
10. Je m'échauffe avant de pratiquer une activité physique.			
11. Après une activité physique, je me préoccupe du retour au calme.			
12. Si je suis physiquement très actif, j'ajuste mon régime alimentaire pour manger un peu plus de glucides.			
13. J'évite de prendre un gros repas juste avant une activité physique.			

Pour les règles 14 et 15, accordez-vous **deux points** si vous cochez la colonne *Oui* et **aucun point** si vous cochez la colonne *Non*.

▶

J'ai observé la règle suivante :	Oui	Non
14. J'ai rempli la partie A du bilan 13 afin de connaître mon degré de motivation pour l'exercice.		
15. J'ai fait l'exercice suggéré à la p. 343 du manuel afin de bien savoir comment je perçois la pratique régulière de l'activité physique.		

Faites le total des points obtenus. _____

Ce que votre résultat signifie…

25 points et plus. On peut dire que votre niveau de préparation physique et mentale est plus que suffisant.

De 19 points à 24 points. Vous démontrez un certain degré de préparation physique et mentale, mais celle-ci est insuffisante. Un peu de discipline pourrait toutefois renverser la vapeur. Il n'en tient qu'à vous !

De 13 points à 18 points. Votre préparation physique et mentale est très incomplète, ce qui pourrait nuire à votre bien-être et augmenter votre risque de blessures quand vous pratiquez une activité physique. Vous n'êtes pourtant pas loin de la catégorie précédente. Allez, faites un petit effort pour améliorer votre préparation !

12 points et moins. Votre préparation physique et mentale est déficiente, pour ne pas dire inexistante. Si vous êtes une personne physiquement active et que, en plus, vous pratiquez des activités vigoureuses, le risque de nuire à votre bien-être et de vous blesser est très élevé. Mais ne désespérez pas. Demandez-vous plutôt ce que vous pouvez faire pour améliorer votre niveau de préparation. Cet exercice de réflexion en vaut la peine, si vous aimez l'activité physique vigoureuse. Après tout, un bon niveau de préparation physique et mentale n'est pas difficile à atteindre.

Si le bilan de votre préparation physique et mentale révèle une préparation incomplète ou nettement insuffisante, comptez-vous faire quelque chose pour améliorer la situation ?

◯ Oui   ◯ Non

Si oui, quelles règles comptez-vous observer pour améliorer votre niveau de préparation ?

Numéros des règles : _____

Si non, expliquez pourquoi.

_____
_____
_____
_____
_____
_____

Réflexion personnelle
Avez-vous changé ?

Voilà une question légitime au terme de votre cours d'éducation physique. Pour y répondre, il vous suffit de vous situer à nouveau sur l'échelle du changement. Cette échelle est cependant légèrement différente de celle présentée à la page 5. Lisez donc attentivement les assertions qui suivent et cochez uniquement celle qui vous concerne.

○ **a)** Au moment où je lis ce texte, **je suis effectivement passé(e) à l'action et je respecte toujours** les engagements que j'ai pris dans l'un ou l'autre des bilans suivants : 2.2 (engagement vis-à-vis de l'activité physique, 3.2 (engagement vis-à-vis de l'alimentation), 4.2 (engagement vis-à-vis du stress), 5.2 (engagement vis-à-vis de la cigarette) et 5.4 (engagement vis-à-vis de l'alcool).

○ **b)** Au moment où je lis ce texte, **je suis effectivement passé(e) à l'action** afin de respecter les engagements que j'ai pris dans l'un ou l'autre des bilans suivants : 2.2 (engagement vis-à-vis de l'activité physique, 3.2 (engagement vis-à-vis de l'alimentation), 4.2 (engagement vis-à-vis du stress), 5.2 (engagement vis-à-vis de la cigarette) et 5.4 (engagement vis-à-vis de l'alcool). **Hélas ! Je n'ai pas tenu le coup longtemps !**

○ **c)** **Je ne suis pas encore passé(e) à l'action mais je vais le faire à un moment donné** afin de respecter les engagements que j'ai pris dans l'un ou l'autre des bilans suivants : 2.2 (engagement vis-à-vis de l'activité physique, 3.2 (engagement vis-à-vis de l'alimentation), 4.2 (engagement vis-à-vis du stress), 5.2 (engagement vis-à-vis de la cigarette) et 5.4 (engagement vis-à-vis de l'alcool).

○ **d)** **Je réfléchis toujours** à la question car j'ignore ce que je vais faire.

○ **e)** J'ai bel et bien identifié des comportements que je pourrais changer mais **cela m'indiffère toujours car je ne crois pas que ma santé va en souffrir.**

○ **f)** J'ai bel et bien identifié des comportements que je pourrais changer mais **cela m'indiffère toujours, que ma santé en souffre ou pas.**

Comparez maintenant votre position sur l'échelle du changement à celle que vous occupiez au début du cours. Que concluez-vous ?

_____

_____

_____

_____

_____

_____

_____

_____

_____

_____

Question-synthèse sur la compétence du cours

Au terme de ce cours, êtes-vous capable de situer votre pratique de l'activité physique parmi les **habitudes de vie qui favorisent votre santé?** Pour répondre correctement à cette question vous devez faire le lien entre vos principales habitudes de vie et leurs incidences sur la santé. Vous devez aussi situer votre pratique actuelle de l'activité physique au regard de vos besoins, de vos capacités et de ce qui vous motive à faire de l'exercice. Enfin, vous expliquerez comment cette pratique de l'activité physique s'intègre à votre mode de vie pour favoriser votre santé et votre mieux-être.

_____

_____

_____

_____

_____

_____

_____

_____

_____

_____

_____

_____

_____

_____

_____

_____

_____

_____

_____

_____

_____

_____

_____

_____

FICHE 1

Le journal de mes comportements

Comportements	L	M	M	J	V	S	D
J'ai pris des repas variés et équilibrés.	Oui ○ Non ○	Oui ○ Non ○	Oui ○ Non ○	Oui ○ Non ○	Oui ○ Non ○	Oui ○ Non ○	Oui ○ Non ○
J'ai fait un peu d'exercice.	Oui ○ Non ○	Oui ○ Non ○	Oui ○ Non ○	Oui ○ Non ○	Oui ○ Non ○	Oui ○ Non ○	Oui ○ Non ○
Je ne me suis pas senti stressé ni tendu.	Oui ○ Non ○	Oui ○ Non ○	Oui ○ Non ○	Oui ○ Non ○	Oui ○ Non ○	Oui ○ Non ○	Oui ○ Non ○
J'ai fumé moins de 5 cigarettes ou je n'ai pas fumé.	Oui ○ Non ○	Oui ○ Non ○	Oui ○ Non ○	Oui ○ Non ○	Oui ○ Non ○	Oui ○ Non ○	Oui ○ Non ○
Je n'ai pas bu d'alcool ou j'ai pris moins de 2 verres.	Oui ○ Non ○	Oui ○ Non ○	Oui ○ Non ○	Oui ○ Non ○	Oui ○ Non ○	Oui ○ Non ○	Oui ○ Non ○

Réflexion personnelle

Quelles conclusions pouvez-vous tirer de cet exercice?

_____

_____

_____

_____

_____

_____

_____

FICHE 2 — Programme de 15 heures supervisé par un professeur d'éducation physique

	Date	Durée	Intensité*	Activité**	Commentaires	Témoin
1.						
2.						
3.						
4.						
5.						
6.						
7.						

* Pulsation à l'effort (FCC) pour les activités de type aérobique; séries et répétitions pour la musculation; perception subjective de l'effort (faible, moyen, intense) pour les autres activités.

** Exemples de formules possibles pour la pratique d'une activité:
   (1) 15 X 1 h pour la pratique d'une activité de type conditionnement physique;
   (2) 10 X 1 h 30 pour la pratique d'une activité individuelle;
   (3) 8 X 2 h pour la pratique d'un sport collectif ou d'une activité de groupe;
   (4) 5 X 3 h pour la pratique d'une activité de plein air (ski alpin, escalade, canotage, etc.).

	Date	Durée	Intensité*	Activité**	Commentaires	Témoin
8.						
9.						
10.						
11.						
12.						
13.						
14.						
15.						

* Pulsation à l'effort (FCC) pour les activités de type aérobique ; séries et répétitions pour la musculation ;
perception subjective de l'effort (faible, moyen, intense) pour les autres activités.

** Exemples de formules possibles pour la pratique d'une activité :
   (1) 15 $\times$ 1 h pour la pratique d'une activité de type conditionnement physique ;
   (2) 10 $\times$ 1 h 30 pour la pratique d'une activité individuelle ;
   (3) 8 $\times$ 2 h pour la pratique d'un sport collectif ou d'une activité de groupe ;
   (4) 5 $\times$ 3 h pour la pratique d'une activité de plein air (ski alpin, escalade, canotage, etc.).

T_0 T_1 T_3 T_5
20

FICHE 3

Programme d'amélioration
de l'endurance cardiovasculaire

$FC (220 - age) \times 40\%$

$FC/m (220 - age) \times 90\%$

Fréquence cardiaque cible : minimale : _____ /15 s ; maximale : _____ /15 s

	Date	Programme cardiovasculaire	Durée	FC1*	FC2*	Commentaires	Contrôle
1.	28/9	6 ??					
2.							
3.							
4.							
5.							
6.							
7.							
8.							
9.							
10.							
11.							
12.							
13.							

* FC1 : fréquence cardiaque immédiatement après l'effort ;
FC2 : fréquence cardiaque une minute après l'effort.

T_0 T_1 T_3 T_5
20
$T_0 < FC$ après effort

	Date	Programme cardiovasculaire	Durée	FC1*	FC2*	Commentaires	Contrôle
14.							
15.							
16.							
17.							
18.							
19.							
20.							
21.							
22.							
23.							
24.							
25.							
26.							
27.							
28.							
29.							
30							

* FC1 : fréquence cardiaque immédiatement après l'effort ;
FC2 : fréquence cardiaque une minute après l'effort.